◎ 安林丽　马世猛　著

技术创新与区域经济发展的关系研究

吉林大学出版社

图书在版编目（CIP）数据

技术创新与区域经济发展的关系研究 / 安林丽，马世猛著. —长春：吉林大学出版社，2018.8
ISBN 978-7-5692-3162-5

Ⅰ. ①技… Ⅱ. ①安… ②马… Ⅲ. ①技术革新—关系—区域经济发展—研究—中国 Ⅳ. ①F124.3②F127

中国版本图书馆 CIP 数据核字（2018）第 216996 号

书　　名：技术创新与区域经济发展的关系研究
JISHU CHUANGXIN YU QUYU JINGJI FAZHAN DE GUANXI YANJIU

作　　者：安林丽　马世猛　著
策划编辑：邵宇彤
责任编辑：邵宇彤
责任校对：李晓溪
装帧设计：优盛文化
出版发行：吉林大学出版社
社　　址：长春市人民大街 4059 号
邮政编码：130021
发行电话：0431-89580028/29/21
网　　址：http://www.jlup.com.cn
电子邮箱：jdcbs@jlu.edu.cn
印　　刷：定州启航印刷有限公司
开　　本：710mm×1000mm　1/16
印　　张：11
字　　数：240 千字
版　　次：2019 年 1 月第 1 版
印　　次：2019 年 1 月第 1 次
书　　号：ISBN 978-7-5692-3162-5
定　　价：42.00 元

版权所有　　翻印必究

前 言

21世纪是以知识经济为标志的时代，科学技术日益突显其对经济发展及整个社会进步的强大作用，技术创新更被认为是经济增长的原动力，这已被世界各国经济发展的实践所证明。

改革开放40年，中国经济实现了年均10%左右的高增长率，综合国力大大增强。技术创新以及它对经济增长的影响不是偶然、暂时的现象，其中必然蕴藏着一般普遍性的内在机制。因此，对技术创新与经济增长之间关系的研究具有重要的理论意义和深远的现实意义。

本书分为十章。第一章是绪论，主要包括文章研究背景、研究内容、研究意义及目的；第二章为区域经济发展方面的研究，主要包括区域经济发展、经济增长的相关理论，区域经济发展能力的内涵及构成等；第三章是区域创新与区域经济发展方面的内容，主要包括创新与经济发展各方面的关系；第四章是技术创新概述，在这部分对技术创新的理论、演化和经济发展的关系进行了研究；第五章是区域技术创新对经济增长的贡献分析，在这里对基于技术创新的经济增长理论做了概述，还对技术创新对经济增长贡献的测算方法及模型进行了分析；第六章对区域创新主体进行了探讨，分析它们之间的功能定位、各主体协同路径等；第七章是技术创新促进区域经济增长的机理分析，在这部分分析了不同层次下，技术创新和经济增长的机理；第八章探讨了技术创新生态系统的协同发展。

  本书作者为石家庄学院教师安林丽、马世猛，本书是河北省自然科学基金项目"广义模糊图对策理论及应用研究（编号A2015106040）"阶段性成果之一。由于作者水平和条件有限，难免出现错漏之处，敬请专家和广大读者批评指正。

目 录

第一章　绪论　/　001

　　第一节　研究背景　/　001

　　第二节　研究目的及意义　/　007

　　第三节　研究内容　/　009

第二章　区域经济发展研究　/　012

　　第一节　经济发展的概念与理论　/　012

　　第二节　区域经济发展的相关理论　/　021

　　第三节　区域经济发展能力的内涵与构成　/　031

　　第四节　区域经济增长理论研究综述　/　038

第三章　区域创新与区域经济发展　/　043

　　第一节　区域创新概述　/　043

　　第二节　现代系统科学的相关理论　/　047

　　第三节　区域创新与区域经济发展关系概述　/　049

　　第四节　创新投入—产出的有效性机理分析　/　051

　　第五节　创新与经济发展的互动作用分析　/　053

　　第六节　创新对经济发展的时滞作用分析　/　056

第四章　技术创新概述　/　059

　　第一节　创新的概念　/　059

　　第二节　技术创新的概念　/　060

　　第三节　技术创新在经济发展过程中的重要性　/　061

　　第四节　技术创新与科技创新的界定　/　063

　　第五节　技术创新理论的演化　/　064

　　第六节　技术创新与经济发展的关系理论　/　068

第五章　区域技术创新对经济增长的贡献分析　/　074

　　第一节　基于技术创新的经济增长理论概论　/　074

　　第二节　技术创新对经济增长贡献的测算方法及模型　/　078

　　第三节　我国区域技术创新对经济增长的贡献　/　085

第六章 区域创新主体协同研究 / 090

第一节 区域创新的功能定位、功能协同及功能耦合 / 090

第二节 区域创新主体协同演化过程 / 099

第三节 区域创新主体协同效率指标体系 / 101

第四节 区域创新主体协同路径 / 105

第五节 区域创新主体协同机制 / 119

第七章 技术创新促进区域经济增长的机理分析 / 133

第一节 技术创新促进区域经济增长的机理概述 / 133

第二节 创新主体：企业与政府的博弈 / 136

第三节 企业层面：区域技术创新促进经济增长的机理 / 137

第四节 区域层面：技术创新促进经济增长的机理 / 144

第八章 技术创新生态系统协同发展 / 150

第一节 技术创新生态系统构成要素分析与特征分析 / 150

第二节 技术创新生态系统的复杂性分析及协同演化机理分析 / 160

参考文献 / 167

第一章 绪论

第一节 研究背景

一、技术创新在经济发展中的地位变迁

资本、劳动、技术是现代世界经济进行发展的三个基本因素。在发达国家起到了尤为明显作用的当数技术的创新,且远超过劳动与资本,并逐渐成了经济增长的首要推动力。我国正处在以技术创新推动经济社会发展为核心驱动力的阶段,即走在建设创新型国家的道路上。加大创新力度是我国的一大优势,它能够转变经济增长方式、协调各区经济、调整经济结构,促进经济又好又快地发展。

我国在改革开放40年中,经济上达到了年均10%左右的增长率,这使得我国综合国力大大提升。我国经济发展中存在着两个事实不容被忽视:其一,40年间不同地区的经历发展水平存在着明显差异,是我国人均收入和劳动生产力水平保持持续增长并且持续有力增长的一个原因,这种差异在短期内还没有显示缩小的明显迹象;其二,表现在人类的生存受到了挑战,资源利用效率的低下造成了能源和环境问题的危害。人类生存环境的日益恶化和对自然资源的浪费使得我国必须要寻找新的可持续发展的方法,以此来促进经济的发展。

经济的发展核心来自于经济的增长。对于经济增长的研究,国内外大量的学者进行了论证,研究的结果表明:技术进步在经济增长中发挥着重要的作用,且随着时间的推移,它逐步取代了在经济中占主导地位的生产要素的投入。例如,技术进步在美国的经济增长中起到了尤为重要的作用。美国科学技术和高效资本的投入,逐渐转变了美国的经济增长方式,并在1907—1960年间使得国内平均国民生产净值达到了44.1%,这一比重在1980—1993年间上升到了57.4%。而在工

业化的前期，技术进步的影响仅仅占到17.3%，相反，生产要素的投入在国民生产净值中达到了82.7%。由此可见，技术进步的影响在经济发展中逐步发挥着重要作用。这表明知识经济成了主要的经济增长因素，世界经济成了主要的发展趋势，而且知识经济和经济增长的劳动力、资本和自然资源相比贡献最大，时代的发展更加需要创新与科技进步。

中国在经济增长和技术进步中也呈现出了类似的资本发展态势，这是我国大量的实证研究所表明的。中国经济最重要的增长源泉在改革开放前（1953—1994年）是资本。在1953—1978年间，即传统的计划经济时期，资本所投入的贡献度达到了65.2%。1979—1994年改革开放时期，技术进步对经济增长的贡献度在42%左右，而资本投入的贡献度则下降到了46.5%左右，所以技术进步是促进经济增长的关键因素。技术进步率在1979—1994年期间，大大高于1979年以前的1.1%，达到了3.9%。技术进步在20世纪末对经济增长的贡献率呈增长趋势，这是对于二者关系的研究所得出的结果。

二、国际、国内经济形势的发展变化

经济全球化、经济区域的崛起和科学技术的发展是经济发展在全球化背景下所面临的机遇和挑战的两方面特征。与此同时，区域创新与科学全球化不断地集聚。国际贸易和对外投资在经济全球化中推动了知识技术在全球范围内的流动，使得资源、人才、科技成果和科研方式也有了区域化、国际化的特征和区域创新的集聚现象。这一现象的出现对未来产业的发展和全球性科技的研发有着深远的影响。除此之外，将对发展中国家或区域建设创新系统产生重要影响的是跨国公司R&D机构和活动的延伸。区域技术的创新系统是区域经济发展的新的理论基础，它能够促进区域经济发展，促进产业结构的升级。

从国内来看，区域技术的创新及其创新系统的研究在国内不断变化的经济形势中显得尤为重要。所以区域创新能力的基础是区域创新系统。在国家的各地区区域体系创新建设中，应逐步地认识到这一体系的紧迫性和重要性，加快本地建设的步伐。上海市、江苏省和浙江省三地政府在2003年年末共同签署了《沪苏浙共同推进长三角区域创新体系建设协议书》，这一协议在"长三角区域创新体系建设论坛"上签订；辽宁省、吉林省、黑龙江三省在2004年1月15日同时签订的关于共同推进创新系统建设的协议书，也标志着东北区域创新建设活动将要正式启动。我国历史上第一次以市委、市政府"一号文件"实施的《关于完善区域创新体系，推动高新技术产业持续快速发展的决定》是2004年1月18日，在深圳高新技术产业工作会议上出台的；我国第一个地方性区域评估机构组织是2005年9月，在东北长春成立的。

三、现实背景

党的十九大提出了"建设以企业为主体、以市场为导向、产学研深度融合的技术创新体系"的重大决策部署，习近平总书记在全国科技创新大会上也提出了"支持依托企业建设国家技术创新中心"的指示。科技部为了国家技术创新中心建设的推动，特别制定了《国家技术创新中心建设工作指引》。内容概括如下：

（一）功能定位

产业前沿引领技术和关键共性技术研发与应用是国家技术创新中心的核心。加强应用基础研究，协同推进现代工程技术和颠覆性技术创新，打造创新资源集聚、组织运行开放、治理结构多元的综合性产业技术创新平台。

国家技术创新中心是应对科技革命引发的产业变革，抢占全球产业技术创新制高点，突破涉及国家长远发展和产业安全的关键技术瓶颈，构建和完善国家现代产业技术体系，推动产业迈向价值链中高端的重要科技力量，国家技术创新对国家重点领域的技术创新发挥着重要的战略引领支撑作用。

技术创新中心要准确地应对技术创新范式多主体、网络化、路径多变的变革趋势，与产业和区域创新发展有机融合，围绕产业链建立开放协同的创新机制，强化转移转化与技术扩散，建立主体是产学研技术创新体系的深度融合，企业、市场做导向，延伸成更加完善的产业创新生态。

（二）建设目标和原则

1. 总体目标

在若干重点领域建设一批国家技术创新中心，形成满足产业创新重大需求、具有国际影响力和竞争力的国家技术创新网络，对共性关键技术和一批产业前沿进行攻克转化，培育行业领军企业，带动国际影响力，影响一批科技型的中小企业成长壮大，催生一批发展潜力大，带动作用强的创新型产业集群，推动若干重点产业进入全球价值链中高端，提升我国在全球产业版图和创新格局中的位势。"十三五"期间，布局建设约20个国家技术创新中心。

2. 建设原则

——聚焦产业。围绕新兴产业培育与传统产业转型升级的重大需求，突破技术瓶颈的制约，强化对关键环节和重点领域的部署，构建现代产业技术体系，形成技术持续供给能力，支撑实体经济做大做强。

——企业主体。企业在研发投入和成果之间的转化、科技研发组织、技术创新的决策中要充分发挥主体作用，牵头形成产、学、研、用协同创新生态，加强创新成果对外的扩展，充分发挥社会效益，并强化行业和国家发展的重要作用。

——改革牵引。国家技术创新中心建设的重中之重是体制机制创新，改革创新要面向研发投入、运营管理、人才集聚方面，为国家技术创新中心高水平运行提供支撑保障。

——开放协同。建立技术、人才、项目合作交流机制，推动创新资源开放共享，链接跨行业、跨学科、跨领域的技术创新力量，形成面向全球开放协同的创新网络。

（三）建设布局与组建模式

1. 重点建设领域

——面向世界科技前沿。能够抢占未来的产业制高点领域，影响未来产业发展的态势，包含大数据、人工智能、量子通信、合成生物学、现代农业、精准医学、微生物组等。引领产业技术的变革方向，有望形成颠覆性创新。

——面向经济主战场。在智能电网、燃油煤气的勘探与开发、移动通信、集成电路、高铁、新型材料、智能制造、煤炭清洁高效利用、生物种业、生物医学和制药、医疗器械、环境综合相关治理等领域能够产生显著的社会经济效益，突破国家社会经济发展的瓶颈。

——面向经济主战场。

——面向国家重大需求。涉及国家安全和重大利益，例如核心电子元器件、航空发动机及燃气轮机、核发电、大型飞机、深海装备等这些关系产业命脉和国计民生的"卡脖子"问题。

围绕落实"一带一路"建设，长江经济带协同发展、京津冀发展等区域协调发展战略，以及北京、上海科技创新中心建设等国家重大创新战略，统筹考虑区域布局。

2. 组建模式

依托企业、高校、科研院所建设国家技术创新中心，各级政府参与并且支持国家技术创新中心的相关建设工作。根据相关产业领域创新发展实际，可采取多种组建模式，"一中心一方案"。一般以三年为一个建设周期。

——在龙头企业优势地位突出、行业集中度高的领域，主要由龙头企业牵头，产业链中有关企业、高校、科研院所等参与建设。

——在多家企业均衡竞争、行业集中度较低的领域，可以由多家行业骨干企业联合科研院所、相关高校，通过产业技术创新战略联盟或组建平台型公司等方式，共同投资建设。

——在主要由技术研发牵引推动、市场还未培育成熟的领域，可以由具有技术优势的高校、科研院所牵头，有关企业作为重要的主体参与建设。

3. 建设主体

国家技术创新中心牵头组建单位应当具有行业公认的技术研发优势、领军人才和团队，具有广泛联合产学研各方、整合创新资源、形成创新合作网络的优势和能力。发挥好相关领域国家工程技术研究中心等科研基地的功能作用，对符合条件的整合组建为国家技术创新中心。国家技术创新中心所在地方政府应积极发挥支撑保障作用，在政策、资金、土地、基础设施等方面给予支持。

（四）重点建设任务

（1）服务国家战略，开展技术研发和产业化。面向新一轮科技革命与产业变革，谋划产业技术创新战略规划，提出重大技术创新方向，承担相关领域国家科技项目的组织实施，开展战略技术、前沿技术和关键共性技术研发，为抢占未来产业制高点提供政策和技术支撑。面向国家重点产业发展需求，推动重大科技成果熟化、产业化，加快共性关键技术转移扩散。

（2）集聚开放创新资源，打造创新型产业集群。突出开放创新，协同相关领域上、中、下游企业和高校、科研院所等创新力量，打造创新型产业集群。加强与国家自主创新示范区、高新技术产业开发区的深度融合，发挥对区域创新的辐射带动作用，形成产业发展与区域发展协同推进的格局。积极融入全球创新网络，探索科技开放合作新模式、新体制，促进创新资源双向开放和流动。

（3）发展科技型创新创业，搭建专业化创新创业平台。充分利用国内外创新资源，搭建专业化众创空间和各类孵化服务载体，加强资源开放共享与产学研用合作，打造集大中小企业、高校、科研院所和个人创客协同互动的众创平台，带动一批科技型中小企业发展壮大。

（4）培育和吸引技术创新人才，构筑高端人才集聚地。高起点、高标准建设结构合理的创新人才团队，在全球范围吸纳集聚一批能够发挥"塔尖效应"的科研人员，集聚一批具有全球战略眼光、管理创新能力突出的优秀企业家，培养一批高层次创新创业人才。探索实施更积极、更开放、更有效的创新人才引进政策，营造宜居宜业的工作和生活环境，聚天下英才而用之。

（5）深化改革创新，探索新型体制机制。加强科技体制改革与产业、财税、金融、人才、政府治理等各方面体制改革的衔接联动，在运营管理、项目实施、资金投入、人才培养等方面大胆改革创新。加强中央和地方联动、政产学研用协同，构建多方共建共治共享的管理运行机制，培育风险共担、收益共享的利益共同体。

（五）治理结构与管理机制

（1）法律地位。国家技术创新中心原则上应为独立法人实体。目前尚不具备条件的，先行实现人、财、物相对独立的管理机制，逐步向独立法人过渡。根据组建模式的不同，可以探索组建企业、社会服务机构等不同类型的法人实体。

（2）治理结构。设立董事会或理事会、专家委员会，实行董事会或理事会领导下的总经理或主任负责制，形成企业、高校、科研院所、政府等多方共同建设、共同管理、共同运营、良性互动的治理结构。董事会或理事会由各方选派代表组成，负责重大事项决策。专家委员会主要负责提出国家技术创新中心研发方向、技术路线、团队组建等重大事项建议。国家技术创新中心应坚持党的领导，建立健全各级党组织，发挥党组织的领导核心和政治核心作用。

（3）项目实施。根据国家技术创新战略需求，按照相关管理办法承担国家重点研发计划、国家科技重大专项等任务，并组织有关方面共同实施。自主凝练重大行业技术需求，以市场化方式组织各方参与实施技术攻关及产业化项目。

（4）人才管理。建立合理的科研人员、技术辅助人员和管理人员结构，按需设岗、公开招聘、合理流动。吸引海内外优秀人才到国家技术创新中心交流，开展合作研究与科技成果转化工作。

（5）资金投入。国家技术创新中心可采用会员制、股份制、协议制等方式吸纳各方共同投入，企业承担主要投入责任，引导金融与社会资本参与建设和投资。国家技术创新中心利用自有资金、社会资金、成果转化收益等逐步实现自我运营。按照改革后人才与基地专项管理办法对国家技术创新中心给予支持。

（六）组建程序

（1）提出意向。科技部提出国家技术创新中心总体布局要求。符合条件的单位和地方可以向科技部提出建设意向，研究制订建设方案，提出国家技术创新中心的领域和方向、建设模式、重点任务等。

（2）方案论证。科技部会同相关部门组建由技术专家、管理专家、科技政策专家等组成的专家组，对国家技术创新中心建设方案进行咨询论证。有关单位和地方根据咨询论证意见完善建设方案。

（3）启动建设。对于通过咨询论证、各方面条件成熟的，科技部会同相关部门支持启动国家技术创新中心建设。

（4）监督和评估。有关单位和地方将国家技术创新中心年度建设情况书面报科技部。建设期满前,科技部组织开展建设情况总结评估,并根据评估结果决定整改、撤销或后续支持等重大事项。

科技部作为国家技术创新中心建设的牵头管理部门,发挥组织实施与协调作用,负责总体规划布局、监督和评估与运行管理等工作。国务院有关部门提出国家技术创新中心建设布局建议,参与组建及运行管理。

第二节 研究目的及意义

区域技术创新蕴藏着内在机理和机制以及更多的一般普遍性东西,它对一国内区域经济增长的影响并不是一种暂时、偶然的现象。所以,区域经济的增长和技术的创新研究具有重要的现实意义。

一、理论意义

总的来说,是利于进一步了解经济增长与区域技术创新相互间的关系。并且,科学技术是第一生产力,劳动生产率通过技术创新能够得到提高,在知识经济时代逐渐到来的当下,已成为经济增长的主动力。在当今世界经济舞台上,技术创新能力是其竞争的决定性因素。各国、各地创新能力的高低决定着其经济发展水平的高低。

文献研究表明,区域技术创新与经济增长有着相互影响的关系,不是作用与被作用,也不是直接或单向的问题。其相互作用机制很复杂,多层次、非线性的作用,包含着反馈、渗透原理。学术界目前存在着一定的争议,关于经济增长与区域技术创新关系之间的问题,如区域技术创新与经济增长的关联测度、区域技术创新对于经济增长的贡献等。研究两者的关系,一方面可以帮助我们增进对上述问题的理解,达到弄清事物发展内在规律、正本清源的作用,并在一定程度上解决以上的问题;另一方面技术的创新可以促进经济的增长也可以加强认识,区域技术创新也让各区域经济的促进方面认识更深刻,在理论方面,我国区域技术创新对经济增长的机理及作用程度要弄清楚。这对于我们理解二者关系有很重要的意义。

有助于丰富和发展经济增长理论,进一步解释经济增长理论的现实意义。学者一直都很关注经济增长理论,是发展到今天的宏观经济学的重要组成部分,学术界的罗默、卢卡斯(Lucas)等人,他们所代表的内生增长理论(新经济长理论)引起人们的广泛注意。决定经济增长的主要源泉来自新经济增长理论主张技术知识的增进和其引起的规模报酬递增,这是从分析经济增长的源泉入手的。新经济增长理论也存在缺陷,各类新增长理论把一些过于严峻的假设条件当作其模型,这样的模型在一些方面影响了新增长模型普遍适应性和对现实的解释力。尽管新经济增长理论将以内生的分析方法纳入经济增长模型,比如技术进步、人力资本等方面进行了大量研究,而且也取得了很多相应的研究成果。新经济增长理论较少考虑一国内区域间经济增长所受到的较大技术水平差异的影响,一般只在一国内对区域间技术创新能力的均匀分布进行假设。有文献研究表明,影响区域经济增长的区域技术差异方面,新经济增长理论的系统化程度较低,探讨不够集中。无论是一个区域还是全球的经济,在现实的经济生活中,其内部技术水平和经济发展水平是不协调的。经济理论必须要考虑经济发展水平差异所带来的经济发展差异问题,也要考虑区域发展的不平衡。因此,研究区域技术的创新和经济增长之间的关系是增强经济增长理论的解释力的必由之路。

二、现实意义

第一,有助于弄清我国区域技术创新能力的总体特征,从而为制定正确的科技发展政策提供参考。当前,我国正在大力进行科技体制改革,要求对我国区域技术创新整体状况进行准确定位,认识当前我国技术创新存在的问题与努力方向。各地区政策制定者在审视自身科技发展的基础上,会遇到如何正确处理和平衡技术创新投入与物质资本投入等方面的问题,也会提出对自身技术创新能力进行系统评估、对原有技术创新模式进行创新与检讨的要求。由于健全的科技体制是区域技术创新促进经济增长发挥的效应的依赖,这些问题与要求的解决最终必须回到对技术创新发展趋势和能力特征的科学研究上来。通过对区域技术创新与经济增长关系问题的研究,我们可以从量化上描述各区域的创新能力,在认识各区域技术创新的优势及不足上,从区域的理论创新体系的高度来看,中国技术创新区域的多样性要从全局出发。对各区域的技术创新能力进行客观的评价是研究区域技术创新与经济增长关系必然要求,有助于我们在把握中国区域技术创新能力上更系统地了解总体特征和发展趋势,深刻地认识到我国当前区域技术创新政策的改进方向和目标,才能为我国的区域科技和竞争力创造一个重要的发展平台,在制定科学的科技发展政策中提供支持。

第二,有助于政府制定适宜的区域发展政策,为缩小区域经济、社会发展差异从而缩小区域间技术的差异提供支持。中国是一个发展中的大国,改革开放以来中国整体经济一直保持较快的增长速度,但与此同时也造成中国区域经济增长差异扩大的问题，这主要表现为东部发达省份经济增长速度明显快于中西部地区不发达省份。伴随着区域间经济发展的不平衡，各区域间技术创新发展也不平衡。中西部省份的技术创新能力相对要低于东部等省份，同样的，中西部省份的经济增长率长期以来也都是相对低于东部等发达省份。这种现象一方面是由于较高的技术创新能力造就较高的技术创新能力，同时，中西部区域经济增长率远低于东部区域。持这种观点的有贾俊雪、郭庆旺、赵志耘，他们认为我国区域经济差异增大的主要是由于全要素生产率尤其是技术进步率差异增大导致，这是通过对我国省份经济进行全要素生产率的分析后得出的结论。换句话说，正是东部发达区域经济增长速度较高，为该区域产业升级提供较好的物质保障，从而该区域技术创新能力也得到大大提升，该区域在技术创新投入方面也会有较强的实力。各区域经济增长速度不平衡和发达程度差异的主要原因是经济增长关联程度的差异以及与技术创新程度的差异造成的。区域间经济增长的差异和区域间技术创新的差异有紧密的关系。本书的研究一方面将说明各区域政府要想更快地促进经济发展，需要通过采取有力的技术创新的政策，并为政府制定技术创新支持的政策提供相应的理论依据；另一方面，本书将对区域技术创新促进经济增长的机理、贡献等方面作为专门篇幅并进行深入的研究，这将为各区域政策制定者参考本地实际情况采取适宜的措施、选择正确的科技政策。

第三节　研究内容

一、研究视角

技术创新是经济增长的动力之一，在促进区域发展、提高企业竞争力和国家经济增长上有着重大意义。技术创新是决定着经济增长质量和增长快慢的重要因素之一，高水平的技术创新活动带来更高的劳动生产率，同时也意味着生产过程中新技术的更广泛使用。

现在的多数文献当中，对于技术创新与经济增长关系的研究方面，一般以一个国家为开端作为研究的出发点，很少考虑到各区域之间可能存在较大技术水平差异，只是将该国内所有区域的技术创新水平看作一致。假设一致性技术水平的情况下，技术创新所带来的经济增长的放大或削弱的可能性很大。中国地大物博，社会发展程度、技术水平和经济在各区域之间不尽相同，比如经济、社会水平发展差距较大的中国东、中、西部地区，对中国的经济增长做研究如果单单只从一致性技术水平方向出发，而区域间发展的差异性却不够了解，那么就一定会影响对中国技术创新与经济增长关系的了解。

区域技术创新能够提高区域内要素的使用效率、提升产品的技术层次，促进区域技术创新的发展对于提高区域竞争力特别重要。书中关于技术创新与经济增长关系的研究，注重从区域的角度来观察对经济增长的影响的技术创新的区域差异。这种研究视角的选择一方面有助于我们深刻了解对技术创新与经济增长问题，特别是能体现出区域技术创新差异性以及其对经济增长影响的差异；另一方面也非常贴近于我国的经济建设的实际状况与技术创新情况，切合通过以技术提升来实现我国中西部区域赶超型发展的战略要求。

本书从几个部分进行了研究，主要包括区域创新与区域的经济发展关系、区域发展的相关内容、经济发展的关系和技术创新的理论、演化、区域创新主体协同发展等。

二、研究涉及方法

（一）实证分析与规范分析相结合的方法

本书中，在研究区域技术创新与经济增长关系上，一方面对我国目前区域技术创新与经济增长关系，采用实证的分析方法进行了计量分析，以用数据说明我国区域技术创新对经济增长所发挥的推动作用。另一方面，在计量分析基础上，本书采用规范分析的方法，结合相关经济理论，就推动区域技术创新促进经济增长的具体措施、基本思路等方面提出相关的建议。

（二）经济理论与经济模型相协调的方法

一方面，本书在分析我国区域技术创新与区域经济增长的关系上，运用了经济增长、技术经济学以及计量经济学等经济理论，通过促进区域经济增长和推动区域技术创新的问题进行了探究和解决。另一方面，也巧妙地设计或使用了相关经济模型在合适的地方，对相关问题加深了认识并简化分析。总的来看，本书相对协调地结合了经济理论与经济模型的使用方法，达到了探求区域技术创新与经济增长关系的目的。

（三）定性分析与定量分析相结合的方法

判断事物发展的本质属性是定性分析目的，能够定下一个基本的方向对事物进行研究。定量分析作为对事物所进行数量分析的方法总称，它是以量化和精确化表达的方式对事物进行描述的。本书中对区域技术创新与经济增长关系所做的研究，始终坚持使用定性分析与定量分析二者结合的方法。一方面利用了统计数据，通过实证计量方式对我国现阶段的区域技术创新、经济增长关联度以及区域技术创新能力的分布等方面进行了定量研究；另一方面分析区域技术创新推动经济增长的机理以定性的方法等。在全书使用定性与定量结合的方法，这对于准确地了解我国区域经济增长与技术创新的关联具有一定作用。

第二章 区域经济发展研究

第一节 经济发展的概念与理论

经济发展的概念是在研究科技进步和经济发展的关系时,技术经济学中首要探讨的问题。经理发展的概念至今为止都没有一个能够被大众普遍接受的定义。经过一系列代表的提议,赵国杰提出了由"经济增长"过渡到"经济发展"的定义。

一、经济增长

1. 经济增长的含义和衡量指标

"经济增长"和"经济发展"的概念最初起源于英文"growth",这一英文单词有两种含义:一是生长、发育、成长;二是增大、发展、增长。早期的西方经济学家没有发现"growth"和"development"的区别。在很多经济文献中,都使用"growth"。往后慢慢发现了它们的区别。"经济发展"适用于不发达国家的经济,而"经济增长"主要用于发达国家的经济。应该说,把各有所指的"经济增长"和"经济发展"区别开来的是一种进步,但是如果仅局限于不发达和发达国家这两种经济形态的研究上来区别二者,也就添上了唯心主义与形而上学的色彩。实际上,工业革命后富国和穷国的差距才逐渐拉大,并且经济的增长和发展是永无止境的,从经济的进步来看的话,只不过会存在经济发展和增长所产生快慢的差异性和先后性以及发展阶段的相似性,不会出现上述的情况,也就是经济发展归为不发达国家,却把经济增长归为发达国家。

通常认为,一个国家或一个地区在一定的时期内出现的收入的增长或实际产值的增长就是经济增长,它一般表示为国民的生产总值或收入的增长。通常所指的是，在产量上有一定的增加。其中不仅仅包含着由投资带来的增加成分，也包括了提高生产效率而增加的产量。

国内生产总值的增长率是经济增长的衡量标准。国民生产总值，英文Gross Domestic Product，简称GDP，指的是一个地区或者一个国家在一定时期内生产和提供的最终所使用的货物和服务的总价值。全社会在一定时期内所使用的各种消费品、投资品和服务的总和，就是从实物形态上来考察的国内生产总值；新创造的价值和固定资产折旧与各产业部门的增加值的和就是从价值形态上来考察的国内生产总值。经济增长的额度在报告期用相对量和绝对量均可。一个国家经济增长的幅度或增长率就等于用经济增长的绝对额除以基期总量后减去1，用报告期的总量减去基期的总量的是经济增长的绝对额。

看其产生与发展的历史，发现经济增长的理论和技术进步的理论从最初出现就紧密地联合在一起了。经济增长理论研究的对象是经济的一个长期增长过程，在这个过程中各种增长因素都发挥了自己的作用，技术进步促进了经济增长。技术进步随着经济理论的不断发展，将会成为重要的研究对象。

2. 古典经济增长理论

18世纪中叶，英国古典经济学派提出了关于技术进步与经济增长理论思想。这些古典经济增长学家以帕西内蒂、亚当·斯密、卡尔多等为代表，并将研究兴趣主要集中在了积累及其与劳动分工、收入分配与人口增长等的问题上，他们认为个人的正当动机在启动和维持经济增长过程中发挥着重要的作用，人们可以去追求自身的利益，这样也可以促进经济增长。

报酬递减规律是由大卫·李嘉图提出的，这是认识经济增长概念的重大发展，他运用实证研究强调了资本的积累，但是他依照报酬递减的规律，却认证出一个悲观的结果：在边际报酬递减规律这一作用下，人口的增长、资本的积累和资源的消耗及市场扩大四者彼此的竞争，将会导致资本积累暂停，经济趋于稳定态势，人口稳定，最终将会停止经济增长的过程。

古典增长理论的代表是哈罗德－多马模型，这是以凯恩斯经济理论为基础而建立起来的。该模型是建立在以下四种假设基础上的：（1）如果在不管生产规模的情况下，也就是说规模收益与单位产品二者成正比，这样同时增加1倍的劳动和资本，也就会相应增加1倍的产出；（2）假设不存在技术进步；（3）假设只存在劳动和资本两种生产要素，并且两者不能够相互代替；（4）假设边际储蓄的倾向不变。做出四种假设之后，哈罗德－多马模型才把经济增长率看作是储蓄率和资本产出率的函数。

在这一时期，对于经济增长前景，古典经济学家此时的分析是悲观的，因为他们否认了技术进步。他们认为：经济增长的过程是有连续性的，并且这一过程最终将会静止乃至循环。但预言和事实是不相同的，之后，人均产出增长率渐渐发展并出现持续的正值，并且这个正值没有要下降的趋势。由此可认为，古典经济增长的理论存在着一定的缺陷。

美籍奥地利的经济学家熊彼特在20世纪初，曾在他的著作《经济发展理论》中提出了技术变化和技术创新是经济增长的源泉和决定性因素。这对于古典经济增长理论中的悲观论点提出了挑战。他认为，经济增长的动态和静态是均衡的，经济增长有两类模式，即发展和循环，而且动态发展的基本动力是技术创新。所以经济增长过程是停不下来的。

3. 技术进步外生化的新古典经济增长理论

古典经济增长理论和新古典经济增长理论二者有着很大的不同，新古典经济增长理论通过引入外生物技术进步因素来修正总量生产函数，以解释经济持续增长的动力问题。这样一来，经济持续增长的动力问题得到了解释。从这以后关于技术进步理论的研究引起了西方的经济增长理论的日益关注，并发展到新古典主义方向。其中索洛、库兹涅茨和丹尼森等人关于经济增长因素所做的分析就是有着代表性的研究。

库兹涅茨提出结构方面的变化是经济增长因素。并且他觉得，世界上技术知识和社会知识的存量是由于现代经济增长受到时代革新的推动而迅速增加，当充分利用这种存量时，就会出现高比率的增长变化，而且它也是现代经济迅速发展的结构源泉。他在对劳动、资本投入以及经济增长所带来的贡献进行分析之后，总结出：生产率的提高（也就是单位投入的产出增长率）是现代经济增长一个主要的贡献因素。结构变化是现代经济增长的第三因素，如生产率低的部门中的劳动力会转移到生产率高的部门，因此，部门的劳动力在总的劳动力中占的比重也发生变化，这就导致生产率与人均产值的进一步增长。

丹尼森提出了经济增长的多种构成元素，这是由国民收入增长分解得到的，经济增长又被他重新划分为了两个因素：全要素生产率和总投入量。其中，全要素生产率则分为三个：资源再配置、规模经济因素及知识进步；总投入量因素主要是增加劳动及资本数量和改善其质量。知识进步的两个方面是技术和管理；而资源配置是劳动力从农业部门到非农业部门的转移、在自己企业中不领报酬的人和非农业的独立经营者转移到了其他行业，就改善了劳动力的配置问题；因为大多的衡量标准不能用，所以丹尼森就运用先进的推理判断，推断出规模经济对国民收入增长率大约贡献了 8%~10%。而知识进步做的贡献就是余下的差额了。因此，很多产出中得不到解释的"余值"又被他拆分成了各种各样不同的组成元素，如此一来，结果和索洛的"余值"相比就小了很多。

4.技术进步内生化的新经济增长理论

1975 年后，西方经济理论出现了新经济增长理论。这个新的理论是研究成果的总的名称，是指用内生技术的进步和规模收益的递增来解释一国和各国之间的一个长期经济增长差异。它的一个显著特征是让增长率内生化，其又被称为内生增长理论。这实现了内生技术进步，也论证了内生技术进步是由知识和人力资本两种积累所引起的，这项进步是经济增长的决定因素。新经济增长理论认为，经济活动生产要素是特殊的，这一生产要素是知识，它能够使经济可持续发展，也可以使边际收益得到递增（见图 2-1）。

提出者	模型	内容	共同观点
阿罗	边干边学模型	有形的要素投入和学习经验的积累共同影响决定了产出的增长。	知识积累和人力资本积累引起的内生技术进步是经济增长的源泉和决定因素。
罗默	知识溢出模型	是一个由知识外部效应、产出的收益递减和新知识生产的收益递增三个因素共同决定的竞争均衡模型。内生的技术进步被作为经济增长的唯一源泉。	
卢卡斯	两部门模型	将投入要素分为物质资本和人力资本。认为人力资本是经济增长的推动力量；并且人力资本积累过程存在外部性。	

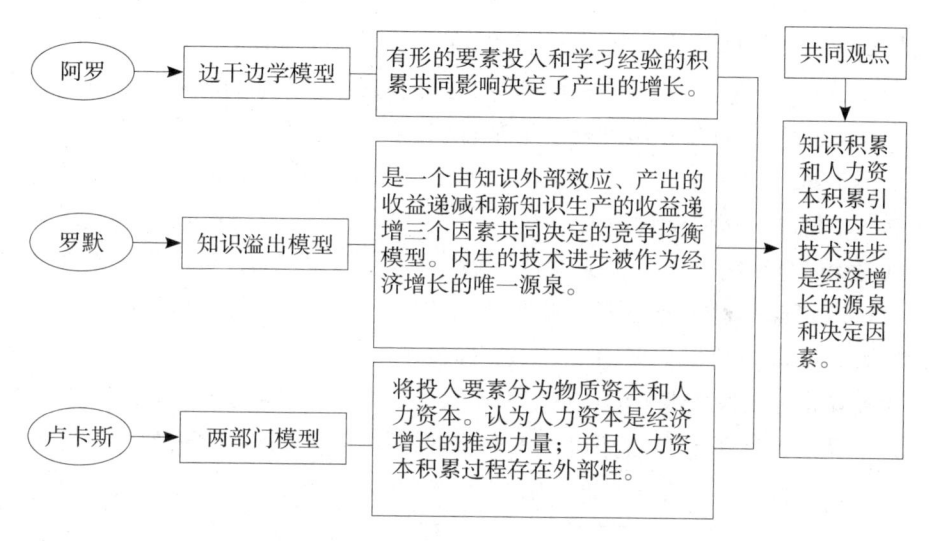

图 2-1 新经济增长理论框架

内生技术进步理论是新经济的核心理论。它认为内生技术进步的源头是人力资本的积累。人的技能和知识的存量也体现出这一点。对于内生技术进步理论来说，物质资本如生产资源是劳动者本身所有，可以通过培训教育等投资实现增长。健康状况、职业能力和文化水平等个体的知识和技能是经济学范围内的人力资本，这些可以创造一定价值。人力资本的提高，不仅可以让劳动者的收入增加；还可以让社会创造价值增加。理论认为，人力资本是对特殊形态资本的投资，因为它是人类对自身的投资。"现代世界的进步依赖技术的进步和知识的力量，它依赖于人的知识水平和高度专业化的人才。所以人力资本对现代经济增长尤为重要。"这是在1994年，诺贝尔经济学奖获得者、美国芝加哥大学教授贝克尔提出来的。

新古典增长理论提出的技术进步理论是受同一时期大多数经济学家认可的模型，具有一致性。而内生技术进步理论在实证中的应用却由于松散的模型而严重受到了影响。

5. 马克思主义技术进步与经济增长理论

马克思是发展和创建经济增长理论的开拓者之一。

马克思主义经济理论是通过生产关系、社会生产力和经济利益的矛盾来说明社会经济发展状态的。实际上，这个理论还有两方面的内容体系：一是指在经济发展理论上，揭示了经济发展的规律和本质，他的政治经济学理论体系是其理论成果之一；二是指在经济增长理论的运行层次上，概括了经济增长的方法和前提，这是传统经济向现代经济转变的实用理论指导。还研究了扩大再生产的理论和资本的积累理论，分析了马克思的社会产品在各部门之间流转的规律性等。

马克思还对劳动、工艺等经济生产过程分析提出了技术进步理论：（1）技术的本质。其定义即人们在劳动过程中所掌握的物质手段以及使用的机器。（2）科学技术发展的程度也决定了生产力的发展水平。（3）生产力的范围内，技术要充当科学的一个桥梁，从而转化为生产力。

20世纪70年代，邓小平强调了用科学技术发展生产力，并产生了工业经济框架，他认识到现代科技与经济二者新形式的关系，并且认为依靠科技、技术的力量，能大幅度提高社会和劳动生产率。提出了"科学技术是第一生产力"这一观点，代表着我国在科技水平的认识上一次大的跨越性发展。

以上观点是从不同角度探讨技术进步对经济发展发挥的促进作用，二者的理论知识，将作为实证分析的理论基础。

二、经济发展

1. 经济发展的含义

关于经济发展的含义没有一个普遍意义上的定义，有以下几种可作为参考：

（1）工业化就是经济发展。西方国家经济的快速发展是工业革命带来的。所以这种理解，是有历史考究的。但是西方国家把工业化作为经济发展的目标，并没有实质上提高人们的生活水平。所以这一观点不合适。

（2）金德尔伯格在《经济发展》中提道："经济发展一般包括物质福利的改善，特别是对于那些低收入的人们来说，要根除人们的贫困、文盲、疾病和过早死亡；

改善投入和产出的构成,把生产的基础结构从农业向工业活动转变;生产性就业要普及劳动适龄人口而不是只有少数具有特权的人才能组织经济活动,拥有广泛基础的集团可以更多地参与经济方面和其他方面的决定,从而增进自己的福利。"

(3)辛格作为发展经济学的十大先驱之一,在《经济发展机制》中提出了"经济发展就是结构变动"的理论这一结论,它是通过对于不发达国家的经济结构特征所做分析得出的。他认为,经济发展本就代表着生产结构的变动。

(4)迈耶对经济的发展曾经提出过定义:"当人均实际收入长期增长,但生活在绝对贫困线以下的人口不增加,那么人均收入分配也会不平均。"

(5)在《经济发展理论》中鸟居泰彦曾说,现代经济的发展包括八个方面,即产业结构的变化、持续增长的收入、技术得到进步、改变价值观和改革制度结构等,其中被看作"中心现象"和现代经济发展最重要特征的是收入持续增长。他认为,现代经济发展的历史,也是人均国民收入和产业结构发展的历史。

(6)熊彼特在他的《经济发展理论》中表达了经济发展的定义:"经济发展,是指社会经济活动中改变或替代传统方式,打破原来平衡状态的内部变革。""经济的发展是自发的变革,它不是日常循序渐进,而是另辟蹊径的冲击和跳跃。发展不是改良,而是革命。"

由此来看,经济发展的含义是广义的,它不仅仅是一个单纯的经济现象,它还包括经济结构上的变动、不利于经济进步的社会政治制度和实际收入一个长期持续性的提高的变革。也就是说,它体现了国家的社会制度内部和经济结构的变革,而且成为社会政治制度协调和社会经济结构进步的体现。

2.经济发展的测度

经济发展所表现出的多面性并不适合定义为单一的含义。"除非能用某种方法衡量某一事物,否则就不可能更多地了解它",这一论断的提出,使得经济学家开始研究一种能够衡量经济发展的标准。

人们习惯以人均国民收入、人均国内生产总值和人均国民生产总值作为衡量经济发展的指标,并用来区分发达和不发达的国家。这种衡量的指标存在着一定的缺陷:

(1)度量和被度量的事物二者相差较为悬殊,也就是人均收入当作总平均数,并不能够囊括经济发展的特性和范围。

(2)统计上具有不可靠性。一是体现在统计资料不够准确、完整;二是各国专业化水平有一定的差距,产值与度量方法会出现偏差。没有通过市场的产品和劳务不容易被计算,这会使人均收入指标不准确。

（3）国内收入分配的情况不只由人均收入来体现。人均收入提高，也可能是少数的上层阶级收入有了很大的提高，中下层的广大群众收入可能并没有有多少变化。

因为把人均收入当作发展程度指标是具有缺陷性的，很多人就提出了一些其他的标准来代替它。例如，阿德尔曼与C.T.莫里斯建立的指标体系。

（4）阿德尔曼与C.T.莫里斯建立的指标体系

美国经济学家阿德尔曼与C.T.莫里斯，在《社会、政治与经济发展——量的探讨》一书中提出了一套新的指标体系，并分为三大类：

① 社会文化指数，经济发展在过程中所涉及的社会层面的问题。它能够体现在经济发展过程中社会文化起到的作用。具体地描述经济发展的社会结构特征。

② 政治指数，体现国家现代化的政治形象。它的目的在于研究政治经济的关系。

③ 经济指数，用来体现经济的变化和其结构。包含了生产技术设备先进程度、农业组织特点、农业技术应用设备的水平、肥料等41个指数，全面地概括了各个国家在经济发展过程中，社会、经济、政治三方面转型的主要特征。

（5）联合国社会发展研究所设计的综合指标体系

这一指标系统共含有16项指标，有一模块是社会指标，另一模块是经济指标。这16项指标如下：中小学生的人数、人均所耗费的动物蛋白质、农业中成年劳动力所占的比例、出生时的预期生存年龄、职业教育入学水平比例、人均住房面积、工薪收入者在整个从事经济活动的人口中所占的百分比、制造业在国内生产总值中所占的百分比等。

上述是对经济发展衡量指标的总体概述。不幸的是，在理论界用来确定该国经济发展状况的指标还没有形成统一的标准。在对上述内容总体概括分析指标的基础上，我们得出下面的这四种指标能较好地反映经济发展的状况。

① 人均实际收入。

② 经济结构指标，即全社会投入产出结构、价格结构、就业结构等。

③ 收入分配和生活质量指标。可用洛伦兹曲线、基尼系数、贫困加权增长指数（衡量一国收入分配的进步，测度总福利的增长状况）以及人均寿命、医疗卫生条件等。

④ 社会政治制度结构指标。

三、经济发展与经济增长的关系

1. 经济发展与经济增长的区别

综上所述，我们能够看到，经济增长通常是指在生产中的净增加，总结国家或地区进行的一段时间内（通常为一年期）的实际（按固定价格计算）收入的输出值，经济增长通常表示为国民生产总值，国内生产总值或国民收入的增加。与经济发展相关的内容和因素比经济增长更为宽广。它不仅包括国民生产总值，或国民收入的增长，还包括伴随产出的效益或收入增加的产品种类的结构变化。这些结构的变化会影响产出结构的变化是由投入结构的变化导致的。投入结构的变化一方面与增加或排出投入数据的生产或处理有关。这表明许多新兴经济部门的出现，如新制造业、金融、交通、通信和管理以及旧经济部门的弱化或消减，与其相对应的投资结构、就业结构、收入结构、价格和生产结构的相关变化；另一方面也意味着社会、企业生产过程中的管理体系发生变化。换句话说，经济发展主要是指国家的经济结构和社会制度结构的变化。这些结构的改变所产生的力量促进了经济快速发展。因此，把经济发展概括为"增长"或"变化"——经济结构的变化和社会制度结构的变化并不是不合理的。

基于以上所概述的，我们能够了解到，经济的发展涵盖经济的增长，这两者并不是相等的。在经济发展初期，经济的发展可以导致经济增长，经济增长不一定带来经济的发展。特别需要注意的是，比如说20世纪60年代和70年代大多数发展中国家，对于这些国家的经济增长并没有带来经济的向前发展。其中的一些国家经济增长速度非常快，但并没有带来很大的经济效益从而导致经济发展缓慢，那时出现了"经济有增长但经济不发展的状况"或"经济未发展但经济增长的状况"。比如Robert Crow在《经济没有发展的增长》一书中描述Liberia经济变化。Robert Crow在书中写道，Liberia这个地方的经济增长非常快，可是由于某些原因，这个地方的经济却没有得到快速发展。Robert Crow继续说，这个地方结构上没有变动，以致使别的经济部门的增长，也没有在制度上对其变化，以使所得收入分配给各个阶层的人民，所以出现了经济即使增长也不会导致经济发展的状况。

对于"经济发展"和"经济增长"这二者的不同，Goldberg这样认为"和人类的身体相类似，增长是指身高、体重（国民生产总值），发展是说素质的提高。"

2. 经济发展与经济增长的联系

经济的发展和增长这两者是既有不同又相互关联相互影响的。经济的增长是经济发展的基本物质条件，经济的发展也会带来经济增长这样的结果。但是经济的增长不一定会促进经济的发展，但经济的发展必然会带来经济增长这样一个结果。或者是说，存在"经济没有发展但有增长"这种说法，却不存在"经济没有增长但有发展"这种说法。然而，应该明确强调，经济发展所带来的经济增长应该是多元化生产增长的结果，这是国家结构多变化的结果或国家经济发展方案是定量的结果。因此，经济发展带来经济增长，或者是说经济的增长就是经济发展的一个分支。

从本质上说经济发展和经济增长是相互关联的。然而，这样的关系并不是与生俱来的，是后天形成的一个过程，受到许多因素的影响。像西方那样的发达国家，自身经历了长期发展，经受了多种磨难，社会分工和社会化程度非常明确，因此该部门或地区的经济增长将有序地向该国其他部门或地区转移，从而带动该国各个地区的全面发展。但在发展中国家这种情况却截然不同，发展中国家的经济、社会化程度相对来说比较落后，没有形成完整的体系，导致各个部门和地区间的相互联系不紧密；再有外在因素的影响，对经济的增长带来危害，限制了其经济结构的变化从而阻碍经济的发展。

3.经济发展阶段论

就和人们通常所谈论的一样，经济要想持续发展，都会经历一个相类似的过程，经历的时间或长或短，但每个阶段都大不一样，这不会影响人们对于经济发展阶段的评判。

在古典的经济学派中，Adam Smith 在《国民财富的性质和原因的研究》一书中对经济的发展进行了划分，分为狩猎、游牧和农耕。

在 Adam Smith 对经济划分的基础上，历史学派李斯特又一次进行了划分，增加了农工和农工商阶段。紧接着，旧历史学派的 B.Hildebrand 认为可以把物质交换或者货币兑换作为一种标志，经济发展从而可以看作是：一，实物经济，就是物品和物品相互交换的过程；二，货币经济，就是通过货币购买商品的经济活动；三，信用经济，就是提前消费，消除贫困的终极目标。在 19 世纪后半段，新兴的历史学派 G.Mueller 在《重商主义及其历史意义》（1884 年）中提出了另外的划分方法，主要是根据经济生活的范围和其各地区对应的政策分为种族及马尔科经济、农村经济、城市经济和国民经济。

现代的西方经济学家更加注重的是，经济的演变和人类生活相同的地方，同样的经历"幼年""成年"和"衰老"这三个过程。英国经济史学家 Colin Clarke 在他的著作《经济进步的条件》中写道，经济的发展是连续的，并且在每个阶段的人的经济活动的主导地位分别是：第一产业、第二产业和第三产业。开始时每个国家都是第一产业生产国；其次，在满足基本需求的情况下，资源转化为生产，这时向第二产业过渡；最终，人们生活质量获得提高，有更多休闲的活动，以及产品的市场日趋饱和，制造向服务业开始转换，即第三产业。

美国的经济学家 Ross 在其著作《经济成长的阶段》（1960 年）一书中写到世界各个国家和地区经济发展的五个阶段。一，传统社会，在此阶段主要依靠体力劳动，没有先进的科学技术，主要发展农业。二，"起飞"的过渡阶段，一些科学知识、新兴技术的出现，主要应用在工业、农业。三，"起飞"阶段，即工业革命的前期，工业快速发展，新兴技术得到大规模的应用和推广，资本家开始出现，投资增加，农业部门的效率显著提高。四，"成熟"的过渡阶段，科学技术的普遍应用，从"起飞"到"成熟"大概要经历 60 年。五，"成熟"阶段，人们生活水平的提高，大规模消费群体的出现，出现更多的娱乐休闲活动，更加注重生活。

随后，Ross 在其著作《政治与增长阶段》（1971 年）中提出了第六个发展阶段，"注重生活质量"阶段，主要体现在服务业，人们的消费大部分用来享受生活。

需要值得注意的是，尽管 Ross 在他提出的五个阶段中一直使用"经济发展"这个词，在《经济成长的阶段》一书中能够得到论证。在这本书的序言中，Ross 决定对两个问题进行深入的研究，"一种情况是……另一种情况是，在全体社会大范围内的各种各样的活动中，经济与社会、政治力量的相互关系"，然后在第 1 章的绪论中写道，"尽管成长阶段理论是从经济角度出发，去观察社会的这样一种方法，但这并不能说明，政治、社会和文化这三方面仅仅是基于经济，并延伸到经济的上层建筑。"他还提出"政治和社会或者是狭义的经济力量带来的影响是经济的变化"。从上述的讨论中，我们了解"经济发展"的内在含义。

马克思对经济的发展也有其自己的理解，在其著作《政治经济学批判》中讨论了生产力与生产关系，并且在社会进化的几个时代中具体阐述了远古的、古代的、封建社会的及当代资本主义的生产形势，而这些是唯物主义的经济发展观念。

第二节 区域经济发展的相关理论

一、区域经济增长理论

（一）古典经济学派的经济增长理论

经济学家 Adam Smith 有一本介绍技术进步和经济增长相互影响关系的著

作，即《国富论》。另外在他的早期著作《论警察》一文中也表达了同样的思想。Adam Smith 思想的核心是：一个国家的整体分工情况能够反映其富裕程度，根本原因在于分工合作能够更有利于创造发明，这些发明创造的机械能够投入到生产中，减少体力劳动，提高生产力从而有助于经济的增长。"仅仅有两种方式去提高各个时期土地和劳动的产出物，一是对社会上聘用的有用劳动的生产力进行行之有效的改进；二是加大聘用的数量。有用劳动生产力的改进，主要是：其一，看劳动者的劳动能力，是否能吃苦耐劳；其二，对机械进行改进，从而可以提高效率。"这里工人技术能力的提高和机械进一步的改进是与技术进步密不可分的。从上面的论述中我们意识到，Adam Smith 已感觉到技术的进步，使它成为除了资本和劳动之外能够带动经济增长的一个重要条件。根据李嘉图的说法，国民财富的增长能够通过两种方式去实现。其中之一是增加收入来支持生产性工作；另一种是在不增加劳动量的情况下，能够提高生产等量劳动力的效率。在后一种情况下，需要改进各种因素的组合，从而达到一定量的投入能够实现更高的生产率。这只能通过技术改进带来的进步和机器的使用来实现。

（二）新古典经济学派的经济增长理论

新古典经济学家将经济的增长看作是一个独立专业的研究领域，从英国经济学家 R.Harrod 和 E.Domar 开始。在 20 世纪 40 年代，R.Harrod 和 E.Domar 意识到技术的快速发展对经济的增长将产生重要影响，但他们认为技术的快速发展是经济体系中的外生变量。没有人对技术快速发展的因素进行更深层次的研究。为了证明这个观点，1956 年美国的经济学家 R.Solow 刊登了《对经济增长理论的一个贡献》这篇文章，并在 1957 年再次刊登《技术进步与总量增长函数》这篇文章，并在文中通过论证的方式去考察 1909 年到 1949 年期间美国的非农业部门劳动发展的状况，从而发现在这段时间内，劳动生产效率是原先的两倍，主要是因为技术的快速发展，且技术的快速进步占 88%。R.Solow 的这个例子证明，技术的快速发展在经济增长中比劳动和资本发挥的作用更大。在 R.Solow 后面的 Denison、Jorgenson 等经济学家同样将技术看成一种资本，并且在测量技术的快速发展对经济增长的作用方面做了大量的证实工作。这些经济学家的结论是一样的，即技术的快速发展对经济增长起到积极作用。

（三）新经济增长学派的经济增长理论

美国的经济学家 P.Romer 于 1986 年在《中国政治的经济学》上刊登他的文章《收入的增长对经济增长的模式》，并开始研究可能的方式来解决经济增长的新古典模型的局限性。导致学术界再次对经济增长理论提出自己的想法。在 20 世纪 80

年代中期和后期迅速发展起来的理论,主要是基于两种想法,技术的快速发展和经济增长之间的关系去讨论:其一,用生产劳动中积累的资本去表示知识水平对于技术快速发展是内生的,这种类型的模型称为知识积累模型,即 AK(知识积累)模型;其二,技术的快速发展取决于对人力资本建设的投入,主要体现在研究和开发上,这种模式被称为研究和发展的模型。尽管 Romer 模型从理论上来说是一个很好的产品,但我们相信这个模型,就像 R.Solow 模型一样,具有一定的理论游戏风格。当然,我们可以从这类游戏中获得灵感并从中受益,但技术创新与经济增长之间的关系正在等待人们从现实中理解这一点。

二、区域经济发展阶段理论

区域经济增长并不是以同样的速度运行在一条直线上,而是以不同的时间和速度进行。开发过程是一个循序渐进的曲线。在每个发展阶段,区域经济的产业结构、空间规划、经济实力和增长速度表现出不同的特点。研究地方经济发展的过程中,地方经济由低到高,从贫穷走向富裕,并在每一个阶段,找出区域经济的特点,是非常困难的。积极参与世界各地的科学家,如 Hoover、Fisher、Rostow、Liszt、Furtado, Busch,创造了很多经济发展的区域阶段,以 Rostow 最有代表性。

美国的经济学家 W.W.Rostow(1960 年、1971 年)在其著作《经济成长的阶段》中第一次提出经济发展是有阶段的说法,并在随后出版的《政治和成长的阶段》一书中对前述的说法进行了完善。他根据各个地区或者各个国家,甚至根据世界的科学水平、工业发展的状况,或者这个地区主要的产业,将经济的发展分为六个阶段:

(1)传统社会阶段,这个阶段是经济增长的初始阶段。一般是早期社会,还未出现牛顿力学及相应的科学技术,其主要的经济来源是农业,该社会地理区域包括古代中国、中东以及全世界,在牛顿力学诞生之后,传统社会也应该包括那些没有现代技术作为标志的文明。现阶段经济增长的特点:主要依靠人类劳动,没有相应的科学技术,绝大部分以农耕为主,人民的收入仅能维持生存,整个社会结构僵化,生产力低下。

(2)经济起飞准备阶段,这一阶段是经济的一个过渡阶段,逐步形成经济增长所需要的各种条件。一般是说从传统向"起飞"过渡的阶段,跟 17 世纪末 18 世纪初的西欧相类似。其最主要的特征是:在农业和工业中逐渐应用新兴的科学技术,金融机构渐渐出现在这个历史舞台上,交通条件明显得到改善,业务规模不断向外延伸，经济增长阻力越来越小，但人民的收入还是少得可怜。

（3）经济起飞阶段，这个阶段是经济飞速发展最重要的阶段，决定其以后该地区经济的状况怎样。在此阶段最重要的是：农业和工业依据先进的科学技术去引导生产；净经济投资增加到国民收入的10%；工业部门的出现反过来又带动了其他相关的辅助部门的发展。总的来说，在这个阶段，地区（国家）的储蓄增加了，这导致了一个不断扩大的企业家战略，人均产生的效益大幅度增加。这个阶段持续约20~30年。W.W.Rostow认为，如果区域经济要实现"起飞"，它必须具备三个条件：第一，必须增加生产性投资，这相当于国民收入的10%；其次，建立制造业是代表龙头企业去带动其他产业的发展；最后是创造一个确保经济"起飞"的政治、经济和体制环境。

（4）向成熟推进阶段，这个阶段是经济起飞阶段发展后的一个必然阶段，经济表现为持续性的进步。科学技术影响了广泛的经济活动，企业家投资的增长超过了人口的增长。此阶段的主要特点是：一些现代技术在经济领域被广泛使用；行业向多元化方向发展，产业结构的产业化和服务趋势正在逐步发展。主要行业从煤炭、纺织和其他行业转化为重工业，如机械、钢铁；较高的投资增长率，约占国民收入的10%~20%；不管是生产还是人口都出现了增长，生产的增长速度要比人口的增长速度快，农业劳动力数量比重显著下降。在起飞结束时由40%下降到20%；而教育产业也得到快速发展，职工教育水平和专业技能水平提高，创业阶层出现在社会结构中。成熟阶段持续约60年的时间。尽管发展的过程有波动，但这是一个不断保持增长的时期。

（5）高额消费阶段，这主要是经济特别发达的工业社会。此阶段的特点：人均收入显著增加，消费水平已显著上升，而实际的人均收入已经让很多人去除了衣、食、住、行等消费品、耐用品的需求。服务业发达，地区间的产业结构已从重化工转向消费品；商业竞争越来越激烈，垄断资本主义逐渐萌芽；生产能力超过偿付能力，政府开始通过财政、税收、金融等政策去强制性地干预经济的发展。

（6）追求生活质量阶段，这主要适用于后工业社会。这个阶段的特点：再一次提高人均国民收入，从满足基本生活需求转变到实现精神生活需要，如文化娱乐以及环境质量。服务业在产业结构中排名第一，包括公共教育、医疗机构和市政。住房、社保、文娱设施、旅游等产业部门不仅形式多样，并且这种产业规模非常大，已然成为新的主导产业。这样一个行业为人们提供了别样的服务，不像工业社会、农业社会那样生产产品、粮食。

W.W.Rostow认为，在上述描述的六个区域经济发展的阶段中，"起飞""追求生活质量"阶段是经济快速发展过程中特别重要的两个阶段，使其经济快速发展。地区经济快速发展处在哪个阶段，主要依靠该地区的主要产业和科技在制造过程中的所占比重。但他忽视了需要注意的一点，即该地区的生产关系也会带动经济的发展。所以他的理论有一定的局限性。

三、区域生命周期理论

1966年，J.H.Thompson的著作《对制造业地理的几点理论思考》在《经济地理》杂志发表，其中首次提出了这个理论即区域生命周期理论。这个理论指出，一旦创建工业区，它就会随着规则发生一系列变化，从青年到成熟到老年，成为活的有机体。该地区的不同阶段面临许多不同的问题，并且所处的地位也在不断竞争着。

区域工业处于青年期间时，市场显著扩大。该地区的区域比较优势得到意外认可，并投入大量的资金。青年工业区域的竞争优势非常显著，生产成本非常低，而且市场还特别广阔。

在发展到成熟阶段，工业区在其他地区占主导地位。其管理人员因其专业知识而被调到其他地区。该地区的竞争开始变得越来越激烈。成熟的工业园区仍然可以保持自己区域的优势。

在老年时代，最初的成本优势逐渐消失，市场变化显著。其他地区可能会接收到新的更便宜的原材料，同时他们可以以相对便宜的价格购买足够的熟练劳动力。该地区的旧工厂和机械设备可能已经过时，税收增加，土地之间的竞争使厂房无法扩展。拥挤已经司空见惯，其吸引投资资源的能力越来越不如从前，进入老年的地区可能被逐渐代替直至消亡。当然，老年区可以通过新的创新重新焕发活力，进入一个新的生命周期。

四、区域经济发展竞争优势理论

（一）区域发展的比较优势理论

区分优势理论是国际贸易分工的基础理论，是指具有绝对优势理论。绝对优势理论是由英国经济学家Adam Smith（1776年）最先提出的。他提出，分工是经济发展的活力源泉。经济的向前发展不需要多余的控制，而只是市场这只看不见的手去操纵经济的发展。一个国家或地区要想快速发展，就必须按照绝对成本理论的原理去大规模地生产和出口产品，以便在交易过程中才能获得绝对优势。

比较优势理论来自古典学派David Ricardo（1817年）提出的比较成本理论。

之后这个理论被区域经济学家用来对比不同地区之间的发展效益。Ricardo 运用生产力的差异，即劳动生产率水平来说明比较优势是怎样形成的。他还认为，国家或地区应根据具有比较优势的因素开展专门的生产和出口产品。不过，他没有解释为什么会出现区域，为什么某个国家（地区）生产出的产品可以更便宜，在生产率差异之间哪些因素起着决定性的作用。

后来其他两位比较优势理论的代表 Hecksher（1919 年）和 Olin（1993 年）提出了"资源禀赋论"（又叫作赫克歇尔-俄林理论）。他们相信所有产品都需要在不同的生产要素之间进行组合。根据生产过程中生产要素密度的不同，国家（地区）贸易品一般可以分为劳动密集、资源密集、资本密集型、技术密集四大类。如果生产要素不容易在国家（地区）之间相互交流，那么作为因素流动的替代品的国家（地区）贸易具有优化因素分配的功能。富含某些元素但没有其他元素的国家（地区）可以生产需要大量丰富元素的产品，并且只需要少量的缺陷元素。各国（地区）应根据生产要素（地区）的丰富和不足，开展国际分工。使生产要素得到最有效的利用，资源得到有效分配，从而增加国家（地区）的总体生产。

第二次世界大战后，技术在经济发展中的作用越来越重要。Vernon R（1996 年）作为比较优势的新兴代表提出了产品生命周期理论，并将其产品分为三个阶段：新生、成熟和标准化阶段。在新生阶段期间，技术能力较强的地区有非常大的优势，可以进行垄断性的贸易。在成熟阶段期间，比较优势主要来自科学技术的广泛应用及销售和规章制度等因素。先进的科学技术向落后的地区进行技术渗透，贸易也开始发生在这两个不同类型的地区之间；在标准化阶段期间，由于技术扩散，技术的可用性逐步增强，并且生产越来越受劳动生产率成本的影响，生产逐渐向技术落后的区域发展，贸易结构也发生变化，逐渐从落后地区向经济繁荣地区供应商品。事实上，产品周期理论也表明，一个国家或地区的单一因素不是一个有利的因素，而是不同因素的组合。

（二）区域发展的竞争优势理论

美国哈佛商学院的 Michael E.Porter 教授（1990 年）及其哈佛商学院其他同事用 5 年时间去调查 10 个国家（丹麦、意大利、日本、韩国等）以及一些地区，完成《国家竞争优势》这本书，书中对提出的提高竞争优势理论进行了进一步的完善。Michael E.Porter 认为，该国繁荣富强的主要原因是该国在国际市场上被其他国家所认可，具有其竞争优势，是因为这个国家的主导产业在国际市场上具有竞争优势，而主导产业的竞争优势与企业密切相关，因此它们的创新创造机制提高了对产品的生产效率。

Michael E.Porter 认为，该国的竞争优势主要体现在公司和行业在国际市场上的竞争优势。它包括六个因素：生产要素，内需，相关产业，各企业间的战略性结构和竞争，以及政府的作用和能力。从而组成了该国竞争优势的"钻石模型"（见图 2-2）。

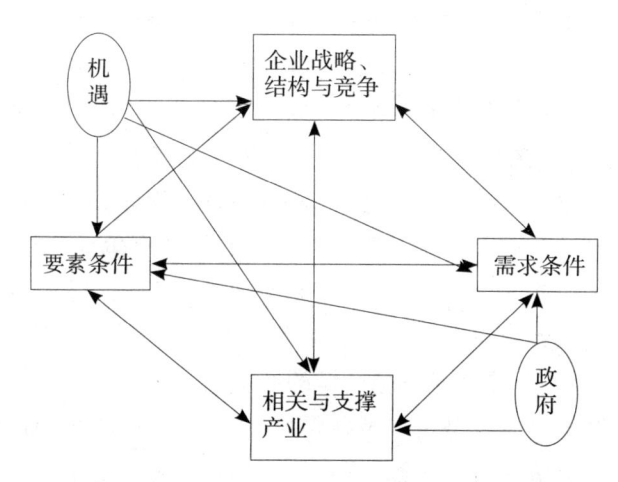

图 2-2 Michael E.Porter 竞争优势的"钻石模型"

需要我们认真考虑的地方是，Porter 在他自己的竞争优势理论中提出，要想获得国家竞争优势的关键是行业竞争，而行业的发展往往是在若干内部地区形成竞争性产业集群。由于国内工业的良好健康发展，在促进了创新集群发展的条件下，提高自己公司的创新能力，以及"产业集群的发展不是一个自然的无规律的分散性发展，而是趋向于地理上的集中发展"（Porter，1990 年）。能够得出，Porter 的国家竞争力理论蕴含着地区竞争优势的内涵，这相比于创造区域竞争优势理论具有更为重要的影响。因此，一些国内科学家直接把国家竞争优势理论跟区域竞争优势理论比作一样的理论。盖启文相信，对于该地区来说，获得区域竞争、国家竞争的优势是普遍和独特的。

首先，这个国家及其内部地区的发展目标是基本相同的。但是，在国内或某个地区获得竞争优势并不能说明这个国家的整体竞争优势在国际上占有重要地位。获得国家的竞争优势将不可避免地取决于国家不同层面上的区域优势。

其次，在这个区域层面的居民比起全国水平很可能有相同或相似的社会文化背景。在同一个区域，因为它们的相似性在发展领域的思维，居民更有可能加快信息在该地区的流动和传播，在知识和技术因素方面，更有可能促进知识和创新的理论，这将有助于积累和知识，资本和该地区的其他要素的积累，将有助于集群和产业集群在该地区的发展。在这个过程中，该地区的其他非经济部门，如当地政府、高校和科研院所，更有可能一起工作，以提高整个地区的区域优势，带动其发展。

最后，地方区域的发展是一个不断变化的动态过程。根据这种说法，地方的区域竞争优势可以划分为两个竞争优势，即静态的和动态的。

静态的区域竞争优势基本上意味着该地区是刚刚步入发展，该地区的发展取决于该地区一些现有的要素与条件长期积累（如该地区的人力、物力、社会资本、科学知识的累积、企业的核心能力等），这使得该地区处于工业发展的优势，但这样的优势是静止的和短暂的。如果这些地区在发展过程中没有把早期的优势加以利用，如有效地重组并引入创新，那么该地区的最初竞争优势将逐渐被淘汰且将变为其自身发展的劣势。由于该区域的发展面临着各种内部和区域外环境的改变，包括在该地域的企业繁荣与衰弱，人口流动与技术交流等一些情况，该区域的外部技术和内部市场环境的变化及其他区域的竞争压力。

动态区域竞争优势主要是指在某些领域（例如，在新兴产业园）不仅是该地区的不同参与者在区域内外的资源，而且也可以实现自己的创新。此外，不同的参与者在区域内有效协作和合作创新，进而推动创新，在整个区域系统，也推动了整个区域的竞争力的保存。在这样的区域，虽然收益可能在发展的早期阶段有一些缺陷，但这样的缺陷可能成为动力，刺激创新和有利于竞争的改造，使区域不利的位置变为获得利益的主要位置。显然，去增加动态比改善静态效率是更靠谱的。当然，并不是所有的缺点都可以变成好处，如果该地区，正在积极寻求自己主动的战略方法，并鼓励区域等因素公司之间的协同创新。此外，一旦公司将拥有该地区得益于创新的竞争优势，他们需要不断进行创新，以保持在该地区的竞争力。

五、区域经济发展的极化理论

（一）佩鲁的增长极理论

法国经济学家 Francois Peru 在 20 世纪 50 年代发表了大量论文，认为经济增长并不循规蹈矩，而是来自所谓的"推动单位"。这个推动单位影响与其他部门的密切联系且经济增长强劲。增长极概念的最早的出发点是三维抽象、不容易理解的经济空间，而不是简单意义上的二维地理空间。这个空间"通过几个中心（或极点、焦点）构成。离心力或向心力都指向这些中心或者来自这些中心。各个中心都有自己所谓的场，吸引的或者是排斥的，并且都相互贯穿、相互交错。在这方面，通常任何空间感觉都由一个中心和一个传递不同力量的地方组成"。Francois Peru 认为，经济增长不可能在所有地区、部门和生产者间同时发生。它将按其各自的优势依次传播。在一定的时间或空间总会有几个经济中心或增长极，并指向一定的经济空间。它将创造一个"磁场"，类似于一种刺激效应，并表现出"极化效应"。经济增长极点扩大之后，将通过散射的方式在不同的渠道内进行传播，形成"扩散效应"，导致整个经济区域都会产生不同效应。Peru 提到的增长极属于一批大型工业企业，发展迅速，创新能力强，能够与其他部门有较强的相关性。而这些大型的工业企业就是专门制造商或工厂。在 20 世纪 60 年代早期，Rodwin 将 Peru 增长极扩展到只为"生产者"或"工厂"类别的这种不易被理解的抽象空间。Budideville 将它扩展到地理空间上并进行了此理论的补充和改进。

增长极在区域经济发展中的作用主要表现为三个重要影响：支配地位，乘数，两极分化和分配。该理论可以促进经济落后地区快速发展，从而减缓大城市发展的压力，向外扩散的压力，能够快速带动城市内外的发展。增长极理论用于区域的发展不全是失败的，也有成功的例子。例如，巴西政府选择萨尔瓦多、累西腓和福塔莱萨作为增长极，引领这些地区在东北沿海地区的发展，但是发展的结果并不理想；随后他的这个理论在意大利落后的地区实施，以解决南方、北方发展不平衡的这种状态。在法国，苏格兰和爱尔兰，工业活动从市中心蔓延到落后地区，巴西亚马孙盆地的发展取得了非常不错的结果。

（二）累积循环因果理论

瑞典经济学家和诺贝尔奖获得者 G. Myrdal 在 1957 年首次提出累积循环因果关系理论，这种理论后来由 Caldo、Dickson 和 Solwall 演变为一种模型。格瓦尔达尔对传统静态均衡方法进行了批判。他认为发展中国家真实的发展情况与实际的市场调节与生产要素的自由流动促进的经济发展并不相同。换句话说，经济发展不能达到绝对的平均。具有主要收益或发展条件的地区，由于某些最初的机会产生"初始变化"，并且具有比其他地区早的发展优势促进其发展，再经过"二次强化"后快速发展，这一结果积累到一定程度又会影响到"初始变化"，所以主导地区将继续积累加速增长，体现出形势变化的"周期性积累"。

在这个发展的过程中，劳动力、资本、技术、资源等领域落后的现象是发达地区吸引劳动力、资本、技术等并流向发达地区的原因，就是格瓦尔达尔所谓的"逆流效应"，即落后的经济发展领域。区域不利影响和区域经济发展差距日益扩大的负面后果。但是，尤尔达尔认为，"逆流效应"不是无法控制的，区域发展差距的扩大也是有限的，因为发达地区不但具有"逆流效应"，而且还会向外扩散，从而产生"扩散效应"。他相信，在经济发达地区不断发展后，达到人口密集大，交通异常拥挤，污染非常严重，资本相对过剩和自然资源过度开发这个状况后，会使生产发达地区的成本逐渐增加，外部经济效益不断减少，从而削弱了经济发展水平。无论区域经济能否实现协调发展，关键取决于这两种效应是强还是弱。在不发达的国家和地区经济发展最开始的起飞发展阶段，逆流效应比扩散效应要迅猛，这是区域经济协调发展复杂性的重要原因。

（三）中心－外围理论

中心－外围理论也被看作核心－外围理论或核心－边缘理论。这是 Raul Prevish 在 1940 年后首次提出的。这基本上解释了发达国家与落后国家核心与边缘之间不平等的制度。在 20 世纪 60 年代，Friedman 将这个理论的概念引入到区域经济。Friedman 认为，由于几个原因的存在，在几个地区会出现"中心"和"外围"的双重结构。中心与边缘之间存在着不平等的关系发展。当某些地区的空间凝聚大量的发展态势时，他的经济发展将比其周边地区更加迅猛，从而形成区域经济体系的中心，而其他地区将被称为外围。一般来说，中心占主导地位，周边依靠于发展中心。中心在外围占主导地位的原因是中心与外围的贸易是不平等的，经济力量的因素集中在中心。同时，中心侧重于技术进步，高性能生产活动和生产创新，中心利用这些优势从边缘获得剩余价值。对于外围来说，中心对其发展施加各种压力。如果平均工资水平上升，这将导致边缘地区也面临相应的提高工资的压力，或者它必须增加出口，进而以弥补进口增加带来的财政压力。所以，周边自发发展的过程往往很困难。更重要的是，通过促进有利于中心的经济和贸易政策，中心和边缘之间的关系也将得到加强，这将增加外围资本，人口和劳动力向中心的流动。可以看出，中心与边缘之间存在着不平等的发展模式。但是，政府的管理和区域间人口的不断变迁将导致各种因素的流动。随着市场的不断扩大，交通条件越来越便利和城市化的进程日益扩大，中心与边缘的边界将慢慢消散、消失，即最终区域经济将继续增长。这将有助于空间经济逐步向一体化发展。

第三节　区域经济发展能力的内涵与构成

一、经济发展与经济发展能力

（一）内涵

1. 经济转型

高新提出经济增长方式转变实质在于选择工业化道路，是一项系统工程。直观表现是资源使用的显著增加。与此同时，经济改革的产业优化升级，不断改进，发展创新，促使循环经济的定义和开发，以及促进和加速内需的中心环节，发展模式和经济增长方式转变的内在动力。盛世豪把制度变迁与结构转型相互影响的结果看作是经济转型。它们之间的相互作用将有助于从一个阶段到另一个阶段的经济发展过程。经济体制的转型是经济体制转变为市场经济体制。经济结构的变化是发展中国家的工业化。在这个过程中转变经济发展阶段。蒋福新认为，改变经济增长机制不是经济技术水平和质量的变化，而是经济增长动力和机制的变化。改变的关键是从"利润导向"转向"效率导向"的经济增长。

2. 经济发展能力

经济发展和经济发展的能力有明显的不一样。经济发展是实现区域实体的目标或结果。这种状态和经济发展的能力导致地区主体影响经济发展的能力。大多数地区都有经济发展的机会，但许多地区没有区域经济发展的事实或成果。

经济发展能力是评判区域和国家区域经济发展的指标。许多国内外的科学家进行了进一步的研究。林毅夫（2002年）说道，企业的产能不能盈利，产品质量和管理服务在行业中不具有竞争优势，因为它们自己的产业能力弱，缺乏自强产业，由于中国的经济周期有规划失衡的错误发展，故不符合中国的经济发展。罗小梅说，中国西部地区的经济发展应侧重于经济行为者的培养和自己的主观能源趋势的有效发展。在对经济主体的能力进行培养的过程中，经济主体自身的主动性的培养和加强发挥了重要的作用。曹子健坚信，区域发展潜力是经济实体提供区域职能的举措培训和实施过程相关的一系列效应的共同术语。与此同时，区域发展的潜力可以从主观和客观两个方面进行分析。韩庆样提出了"人类潜能"的假说，指出了区域经济在未来的发展是与人才的培养分不开的，这种能力是在教育、文化、技能、适应性等方面进行一系列的评价。

（二）经济发展与经济发展能力的比较

像技术创新的能力一样，经济发展的能力也代表了一系列影响经济发展的不同力量。这些力量的共同后果使我们意识到经济发展的结果。由于经济发展能力是指汇集各种促进区域经济发展的力量，这是区域主体能力的表现，也是经济发展的动力。本文探讨了区域技术创新潜力与经济发展潜力之间的关系。通过这两种力量的相互作用，分析技术创新与经济发展二者之间的关系。

二、经济发展能力的构成

在 20 世纪 50 年代后期，美国经济学家 Goldberg 在《经济发展》一书中系统地界定了经济发展的具体含义。据他说，经济发展的本质是改变人们的物质和精神的生活条件，从根本上消除贫困和饥饿，输入和输出的相关结构的优化和改进，以及不同利益群体的社会政策发展的参与。与此同时，新古典主义的学派还十分注重市场机制自由竞争和农业现代化，对促进国家经济发展中的作用具有重要意义。由于人力资本和国家对外贸易政策的推动，经济发展将主要依靠国家内在环境实现快速增长。上述观点在指导发展中国家的相关研究的科学家的过程中发挥作用。吴殿延把经济发展水平的影响因素归纳为直接因素和间接因素：前者是主要归因于资本、土地、劳动力、科技等方面，这直接导致社会生产过程。后者覆盖宽的区域。许多外部因素的影响，包括自然环境、企业文化、居民的受教育程度以及经济模式和政府政策对国家的经济发展产生间接影响，由于直接因素的影响间接影响该国的经济水平。这些因素每一个都可以被包含在间接影响的因素中。基于对本文的现实的经济发展和分析各种研究，将影响经济发展机遇的因素划分为以下几类：

1.人口规模和结构

人口规模是指该地区空间不变的情况下能够容纳的人口数量，人口对区域经济发展有积极和消极的影响。第一，区域人口的线性增长会导致区域经济发展发挥显著的积累作用，从而带来一定的收入利润，为区域经济的发展做出贡献。人口众多的地区可以为经济发展提供源源不断的、足够的劳动力。例如，我国第一次快速发展与当时我国人口数量是密切联系的。与此同时，人口的集中地区能够为区域经济发展带来必要的活力，带动市场供应，从而推动了企业的发展和经济增长的愿望。第二，一定数量的人能够促进经济的发展，但区域人口数量超过该地的最大容量，也将给该区域的发展造成一定的障碍，比如区域能力：北京、上海、广州等地。目前，由于人口数量过于庞大，造成了很多社会问题。人口规模不合理的积累，导致超载，造成该区域的城市拥堵，这增加了该地区的外部成本，并给该区域经济的发展造成了一定的障碍，与此同时，人口不受控制地扩张也会给该地区的环境、生态和安全带来隐患。这就要求社会和政府投入大量的财力、物力，为经济发展投入资源。

人口结构是该地区人口存在和流动的一种表现形式，这可以是该地区人口结构特征的规范性表征。包括年龄、性别、分布情况和教育水平等因素，人口众多因素对某一地区经济发展具有重要作用。人口的年龄结构是指该地区在不同年龄段的人数和比例。不同年龄组的群体具有非常不同的生理和心理特征、思维模式和生活习惯。因此，这些人对经济发展也有不同的影响。大多数18岁以下的青少年正处于学习的过程，这会对区域经济以后发展的潜力和继续发展的能力有重要的影响。18~64岁的年龄范围反映了该地区当前的劳动情况，同时也是该地区的最主要的劳动成员；65岁以上的老年人群体反映了该地区的老龄化，并且是该地区人口集聚的重要组成部分。人口年龄结构对该地区整个社会的生产情况、需求比例、就业问题、教育问题和退休产生重大影响，从而影响区域经济快速发展。可以使用老年人和儿童等指标去衡量人口结构。人口文化程度是说受教育程度不同的人口占总人口的比例，是评判该地区人口素质和结构的一个指标。人们所受的高等教育能够为该地区提供高质量的人力资源。这有助于行业实现最优化的现代化，有效提高目标区域的产业生产力和技术能力，对经济发展的机遇产生重要影响。同时，人们所受教育水平也可以反映区域发展的潜力和可持续发展的潜力，并可以作为该地区健康和可持续发展的一种动力。城乡人口结构反映了城市人口与农村人口的关系。这是区域城市化和现代化的体现，是评判区域经济发展水平的重要举措。从人类社会发展的角度来看，经济结构必须要适应经济发展的要求，否则前面的经历要从源头发生变化。现代化的最重要的特征是人口从农业向非农业的转移，人们向城镇的转移。这种变化将不可避免地导致农村的人口数量和城市人口数量的规模发生非常大的变化。区域人口的产业结构是指各部门劳动力的分配与组合。该地区人口的产业结构应始终满足区域产业结构的发展要求。由于各行业劳动力的分布状况不相同，而人口的产业结构能够评判各地区各行业的贡献度和生产需求，从而反映各行业今后的发展情况。人口部门结构的改善对优化区域经济结构和促进快速经济发展产生重要的影响。

2. 经济结构

经济发展不单单意味着总产量的增加，而且意味着经济质量的变化。研究影响经济发展的众多因素中，要注意对经济总量有贡献的因素，还要注意对经济质量产生深远影响的因素。在经济质量中最有利的因素就是经济结构。经济结构和经济增长从始至终都是相互影响、相互促进的。经济发展导致供应结构和需求结构产生变化，以带动经济结构随之变化。相反，经济结构调整的效应也对经济发展起到催化带动的作用。区域经济结构的改善是指在工业、投资和消费、区域经济结构等因素在经济结构之间关系的不断发生变化和改进，促使经济来源的可行性，并进一步促进经济增长的变化。

第一，该地区经济结构的变化有助于该地区更合理地分配资源。经济增长和发展与该地区各种因素的贡献是紧密关联的。但是，在资源匮乏的情况下，仅仅依靠增加对经济发展做出贡献的因素就会导致资源浪费和影响经济可持续发展。在这个情况下，调整经济结构就会产生极其重要的作用。结构的调整确保资源可以流入更需要的产业部门，并且在有限的情况下让每个因素对经济增长的影响最大。

第二，调整经济结构可以开创新兴产业、新能源和新需求，为经济可持续发展提供源源不断的动力。经济结构的调整致使新的经济关系和新的产业结构能够取代原始的、旧的生产关系。这种新旧更替可以为该地区的快速发展提供新的活力、新的力量。如果要取代主导产业的分支机构，行业的原有主导分支机构将在经济发展的前一级发展。随着经济和社会的快速发展，主导产业将发生转变，这种转变应该伴随着更高的生产率。能够满足社会需求的更先进的技术和产业占上风。替代这些行业为经济发展提供了持续的动力，并成为不同阶段经济的动力。

第三，区域经济结构的变化有助于改善社会分工和生产方式，使其更加现代化。任何经济的向前发展都与社会分工和生产方式的变化密切相关。改变经济结构也是社会分工和生产方式变化的一种形式。在经济结构中相应的工业结构的改变，其中的一方面就是区域经济因素在工业之间的相互转变，使区域内更符合经济需要的生产要素，也有助于引进技术创新和这些行业生产方式的变化。用更加现代的生产方法取代现有的生产方法，并有助于提高整个地区的生产效率。目前，"互联网+"模式的发展取代了原有的生产方式。利用互联网重组经济结构将使经济发生转变。

3.生产要素的投入

生产要素和经济发展这两者之间存在着相互影响的关系。经济发展包括两个方面，即经济增长和结构转型。在这一过程中，有必要引入新产品和结构出现的基本要素。同时，要素的贡献也对改善经济结构起到了非常重要的作用。由于种种因素，可以定位区域经济发展方向，能够加快促进新兴的主流产业的快速发展。区域经济发展所需要的元素有很多种。除了土地、资本和劳动力这三种，先进的科学和技术的这一新要素也是现代区域经济发展的必要条件。

投入资本的重要性能够得到足够重视，比如说：Adam Smith 经济模型、Harold Thomas 模型、Ross 的经济理论和 Porter 生长阶段理论等。增大资金投入可以促进经济的快速发展，为经济发展提供更为广泛的技术支持，因此可为经济发展提供更加便利的资源，投资额度可能反映了投资对区域经济管理的作用。对资本的投资可以鼓励企业更为便利地生产。这种投资可以刺激社会就业，伴随着企业战略和生产力的变化等。这可以进一步改善社会需求，进而形成经济发展的双重推动力。在前面章节人口的规模和结构中详细讨论了扩大劳动力对经济的影响。劳动力作为促进经济发展的因素，在数量和质量方面也是双重作用。资源要素的贡献对经济向前发展也具有基本的支撑作用。这些资源为区域经济的向前发展提供了更为坚实的基础。经济发展所需的各种原材料几乎都来自资源和环境的基础。资源环境与经济发展之间的相互作用是一个周期性的相互作用过程。资源要素为发展区域经济提供了各种重要信息。然后这些原材料通过加工、产出转化为消费者的产品。因此，该地区的资源成为区域经济活动强大的支持体系。同时，由于经济和消费的各方面的资源，资源要素不断传播和最后通过自然净化后返回到自然，从而变成人类经济活动再利用的资源。无论经济发展与任何时期的资源要素之间是否有密切关系，这样的循环过程都要经历所有的经济活动。科学知识这个元素对当地经济发展的促进主要体现在生产方式和提高生产力上。第一，知识因素能够增强该地区的人力资源。知识的累积过程取决于人们的劳动力付出的样式。知识在劳动力中的累积过程主要体现在能够提高人们的劳动力素质。在经济活动中，这种累积过程比一般劳动力更有用。在同等条件下，这些工人更有利于经济的快速发展。第二，知识元素也在改变地区的生产体制中发挥重要的作用。知识的积累和应用可以产生更为现代化的生产设备和规章制度。这种变化对于该地域生产方式的变化是非常重要的。

最后，在要素投入和经济发展的关系中，报酬递减通常在投入要素达到一定数值之后。但是区域中的知识促进区域发展递增报酬，为其创造了极高的可能性，也使原有要素创造出更优质、更多的产出，从而可以让报酬递减现象能够改变。

4. 科学技术水平

科学技术水平是一个国家经济发展的强大支撑。不管社会处在哪一个发展阶段，社会的跨越式发展需要有关键性进步技术的支撑。不管是改善人民生活，促进经济社会的进步，还是提高产出水平，每个领域都离不开进步技术的支持。技术进步对促进经济发展有巨大作用，从具体的影响途径来看，包括下列几个方面：

技术进步使生产函数得以改变，同时，也调节生产要素的投入比例，并有效提升生产效率。这个特性，能够让经济发展方式得以转变，由以资源为主要推动力转变为以资本和劳动等为主要推动力。这种转变可以促进经济持续健康发展，并对不同经济时期拥有的资源优势进行充分改变，使资源发挥最大的作用。

在保证一部分其他投入要素不变的条件下，技术进步能够增长产出，优化升级原有的生产函数。同时也可以改变生产函数，使同样的资源产出更多更优质的产品。比如，福特流水生产线的发明，在劳动力生产状况不变的情况下，创新管理技术，迅速提升生产率，为福特公司带来了巨大的经济效应。

技术方面如交通技术、信息技术和医学技术的进步，不仅会提高社会生活质量，还可以提升原有的生活质量与生活水平，是经济发展的重要表现。

5.对外开放程度

开放是促进区域经济发展的主要动力，也是重要途径，区域开放可以通过吸引区域外的投资和经济体，来开展贸易活动，优化区域资源配置，为区域经济的发展增强活力。从大部分国家与地区的发展来看，都能够得出结论：区域的经济发展程度一般与区域的开放程度呈正相关关系。

第一，区域开放使产业结构得到进一步优化升级，突破区域发展在技术上的缺陷。区域开放加速技术得以扩散和吸收，促进区域技术进步，实现发达区域经济的快速增长，促进技术的进步，还能够使落后区域的产业结构得到优化升级。

区域开放带来许多要素，如技术、资本与人力资源等，有助于让区域间的要素进行流动，促进区域产业结构的多样化，有利于让区域的产业体系更加优化完善。此外，在市场机制条件下，区域开放也促进区域内的产业能够提升生产力和改进管理技术，并降低成本，使产品的质量得到提升，使区域内外产业实现有效竞争，促进产业结构向着高度化的目标优化升级。

第二，区域的开放有助于突破区域资源要素的限制。一个区域不可能拥有经济发展需要的所有生产要素，如果经济环境不开放，经济发展就很可能会受到短缺要素的制约。经济发展需要各种资源要素的集聚和共同作用，区域开放能够被供给更加广泛的资源要素。区域开放的程度愈高，区域所要获得的资源要素就愈丰富。

第三，区域开放能够有效使经济发展的市场需求得以拓展，有利于区域市场限制的打破。从一个层面来说，单个区域的生产不会满足消费者的全部需求，区域开放可以引入许许多多的商品，可以让消费者的需求得到有效满足。同时加快配套产业的发展，使区域内的整个行业都按照顺序进行发展。区域开放可以对市场层次进行提升，并将区域外的供需引进，使区域经济能够将比较优势充分发挥出来，同时也使效益水平得以提升，促进区域经济的健康发展；从另一个层面来说，区域是一个在范围上有限制的经济体，单个区域内的人口有限进而也使消费能力受到限制。所以，在区域社会分工的情况下，区域生产的产品需要满足区域内的需求，也需要使区域范围之外的市场得到充分拓展。

6. 文化状况

经济发展不仅仅是产品数量、质量和结构上的变化，也是区域中文化、意识等因素的变化。文化具有确定的经济发展功能，它是文化的本质特征在经济方面的具体化。从一般性来说，文化对经济发展的科技含量存在支撑的功能，对社会环境存在规范的功能，对依靠力量存在凝聚的功能，以及对基本方向具有导向的功能。

第一，在经济发展过程中，文化对科技含量进行支撑，指的是文化对经济发展的科技含量存在十分重要的影响，文化也影响思想观念、科技自身和社会环境，促进经济发展与科技进步。

第二，对经济社会所处的发展环境，文化具有影响和规范的作用，主要是指文化作为一种精神力量，内在地包含对现有经济环境的批判、过滤以及优化，调整和修正经济发展所处的社会环境，例如社会关系、社会制度和思想观念等，创造良好的外部条件，促进经济发展。

第三，文化可以凝聚经济发展的力量，经济发展的最主要力量便是劳动力，文化黏合劳动力的思想行为，以目标、规范等方式，让企业、劳动力与社会之间互相认同和吸引，使内部向心力和聚合力有所增强，促进共同价值意识的形成，推进社会的进步和经济的发展。

第四，文化对经济发展具有导向作用。文化可以被认为是一面旗帜，它需要对社会经济的整体目标进行正确的导向，积极对经济个体的思想行为进行引导。在经济发展过程中，文化对经济的导向既是对经济的选择与探索过程，又是一种经济性价值取向，同时也是对经济的融合与调节；既趋向于抽象目标，又要面对现实与未来；

7. 资源环境

资源环境经济学领域中研究的重点一直是资源环境和经济发展的关系。鲍尔丁（Kenneth E.J. Boulding）在20世纪60年代中期，发表《即将到来的太空船地球经济学》（*The Economicsof the Coming Spaceship Earth*），提出了一个最基本的环境经济学问题（在热力学第一定律的基础上）。尼克斯（Allen V.Kneese）、艾瑞斯（Robert U.Ayres）与德阿芝在20世纪70年代初期，发表了《经济学与环境》

(Economicsand the Environment），提出了以物质平衡关系为基础的资源环境的物质平衡模型，再一次对传统经济系统进行划分，同时，也对经济环境系统中的投入产出关系进行了分析。《经济学与环境》一书第一次站在经济学的立场上对资源环境与经济的关系进行剖析，从而提出了环境污染的经济学本质。

资源环境和经济发展的关系主要体现在以下几个方面：第一，经济发展是资源环境的根基，经济系统是环境系统的结果。客观环境一直存在着，即使在人类都还未出现的时候。之后，出现的人类为了生存，充分利用和改造环境，对环境的利用和改造达到相当程度之后的结果是经济系统的产生。因此可以说，经济系统是人类利用与改造环境之后的结果。第二，资源环境制约经济发展。自然界中的基本规律要求经济社会发展要在资源环境的承载能力和承受范围之内。资源环境和生态系统提供人类生产生活所需要的物质资源，同时，伴随科技进步，量和质存在动态性的变化，也会出现一些变化，但需要注意的是，它是有一定限度的，它承受发展的能力存在有限性。第三，经济发展主导资源环境的变化。工农业生产活动方面的经济发展，主导着资源环境的改变。经济社会发展一定会对资源环境产生影响，当人类对资源的消耗快于资源更新的速度，不能够遵守自然规律的要求，使污染物的排放不在环境的自净能力之内时，会使环境质量大大降低，并加剧环境污染。第四，资源环境与经济发展相互促进。良好的资源环境为经济活动的良好发展提供条件，允许经济系统中产生许多废弃物，从而提供更多的可以利用的资源，使经济持续健康发展，从而增加人们可利用的资金，人们就可以拿出更多的剩余产品来为建设环境和治理环境而不断努力。

第四节　区域经济增长理论研究综述

经济自身存在资源分配的特定方式，在经济发展过程中，形成了资源分配的马太效应：经济增长快速的地区，资源分配相对比较多。经济增长慢的地区，资源利用率较低，吸引资源的能力较差，资源分配的相对较少。这种不平衡的发展模式，优点是提升总体经济，缺点是会拉大发达地区与落后地区的差距。站在发展中国家立场上，不一样的经济发展战略会对国家的长期经济增长发挥不一样的作用。所以，需要梳理和总结区域经济增长的各流派理论。

一、区域经济均衡增长理论及评述

区域经济均衡增长理论的代表人物有罗森斯坦-罗丹和纳克斯等,该理论是指在一个经济体中,保持各产业、区域之间和区域内部经济的同步发展。

1. 低水平均衡陷阱理论

纳尔逊对发展中国家的数据进行研究,随后发现:大部分不发达国家在经济增长中陷入了"死循环"。他采用的方法是计量经济,选择的自变量为人口增长、产出增长和人均资本,对影响人均收入的增长因素进行测算,结果显示:人口数量的快速增长导致人均收入的提高较慢。因此,部分发展中国家经济反复出现"低收入死循环"的恶劣现象是由于国内的高生育率。

低水平均衡陷阱由于缺乏投资,进而没有实现其他互补性的投资,被看成是"协作失灵"的结果,进而导致无法进行正常的投资。纳克斯提出了贫穷恶性循环理论,努力消除协作失灵的问题。

2. 大推进理论

因为理论和现实世界不会完全符合,所以需要一些过于理想化的前提假设进行重新审视:需要有足够多的资源支撑经济中所有部门同时同向均衡发展,但却难以持续无节制地大规模地投资刺激。因此,在资源不仅稀少还缺乏的条件下,需要找到投资于某些部门的资源临界值,可以继续投资实现统一的增长,并依照罗森斯坦-罗丹的大推进理论,努力取得投资的外溢效应。在此过程中,政府扮演的角色,比市场重要。

大推进理论得到认可,提供新理论视角,有利于发展中国家更好地解决问题,不仅仅学界肯定该理论,在发展实践中,各国各地区也有相应的印证。然而,大推进理论仍存在许多不足:一是未认定市场决定经济的作用,过分重视"计划经济",局限性很大;二是太过于说明生产函数和供需不可分,没有注意到专业化分工的存在;三是难以获取对相互补充的产业部门同时投资的巨额资本。

3. 贫穷恶化循环理论

纳克斯主张资本的形成有两方面的循环,经济落后的国家很可能会陷入"贫穷的恶性循环"。人民的实际收入水平不高,储蓄能力较小,导致资本的缺乏及生产率的降低,从而又会降低实际收入水平;人民购买力水平不高,投资引诱就会减小,进而生产中使用的资本数量也会相应地减少,并降低生产率和收入水平,从而又会降低购买力水平。解除该恶性循环的关键是通过对各个部门的全面投资刺激进行增加和对市场容量进行扩大,有利于经济持续发展。他主张各部门要调整各自的速度，主要是依靠自身寻求价格弹性和收入弹性。

该理论也存在局限性：对于分析发展中国家储蓄率较低的原因，只认为是收入水平导致的，没有注意到一些像社会政治和其他制度因素对储蓄的刺激等原因。然而，穷国缺乏储蓄能力的观点也不符合现实。

4.区域经济均衡增长理论简要评述

在现实经济的实践过程中，由于一些国家忽视了市场机制决定资源配置的作用，低水平均衡理论中的大推进理论和贫穷恶化循环理论没有产生太大积极的影响，甚至严重的还产生了一些负面影响。在发展过程中应用该理论，使投资全部依靠"计划经济"，一味重视表面工业化使资源配置的效率降低，一味地看重形式上的改变而没有涉及区域经济增长中问题的根本，取得了并不理想的实际效果。

二、区域经济非均衡增长理论及评述

在实际的经济中，区际之间的差异并不会因为发展就自然缩小，从直观上很容易会观察到区域经济增长是不均衡的。所以，一些学者，如赫希曼、缪尔达尔和佩鲁等，提出了区域经济不平衡发展的相关理论。

1.非均衡增长理论

赫希曼认为：区域经济发展的决定因素不是资本，而是现有资源需要发挥出它的效率。他将地区划分为"北方"和"南方"两个部分。"北方"是经济发达的地区，"南方"是经济欠发达的地区。由此，北方的成长将会对南方产生双面的经济影响。一方面，北方的成长有利于让南方增加投资，减少潜在的失业人口，产生"淋下效应"。另一方面，北方的成长会让南方人才移民到北方，也会使南方在进出口贸易上处在不利地位，进而产生"极化效应"。赫希曼主张，如果北方的发展需要存在南方的产品，那么北方的发展将会促进南方经济的增长，推动南方的发展。由于市场力量，出现了极化的暂时优势，那么这一状态需要得到改变时，跟随时势，会出现周全严密的经济决策。在全过程中，政府的干预力量极其重要。

赫希曼的非均衡增长理论推动发展中国家选择经济发展路线，直接为其提供了理论支持。在经济发展初期，普遍可以接受"结果的不平衡"的存在，他们的必然选择一定是非均衡发展路线。在欠发达地区，因为它们之间缺乏密切的产业关联，需要在生产潜力最大的部门首先使用稀缺资源，进而带动其他部门的发展。当经济发展到一定水平时，政府应做出相应的协调，实现各产业部门的迅速发展。这为从整体上制定产业发展次序提供了理论基础与政策工具。

2. 二元经济结构理论

缪尔达尔认为区域经济发展不平衡是因为市场力。地理位置不同，具有的资源条件也不同。部分存在先天优势的地区的经济发展会优先于其他不具有先天优势的地区，其效果并不是受短期影响，会渐渐拉大区域间经济发展水平的差距。回流和扩散效应影响一个地区经济的持续增长，付出的代价很可能是牺牲了其他地区，这一点与"增长极"理论恰恰相反。二元经济结构是指：时间不断推移，区域间经济发展的不平衡程度不会因此而缩小，反而会存在相当长的时间。缪尔达尔认为这种不平衡的存在不应该排斥在发展初期的发展中国家，应该优先发展地理位置优越、资源禀赋也存在优势的地区，并利用扩散效应来促进不发达地区的发展。在发达地区的经济取得一定进展后，政府应采取相应措施刺激欠发达的地区，从而可以缩小区域间经济发展的差异，防止由于累积循环因果效应而导致贫富差距的无限扩大。

3. 增长极理论

这个理论以讨论区域增长的途径为重点，也讨论部分产业集聚的相关理论。在该理论中，佩鲁主张，在核心城市中由于部分产业的集聚，会相应地增加一些创新企业的数量，还可以利用企业之间相互配合所形成的协同效应来促进经济的增长。作为资源倾斜的"增长极"，由创新集聚，可以发挥经济增长的带头作用。由于扩散生产资源，可以带动周边区域，加速增长自身的经济。因为增长极存在特有的带动作用和产业之间的连锁效应，所以能够采用的经济发展方式是有计划地发展与建设增长极。虽然不同的增长极会带给不同地区不同的经济增长，但最终会使整体经济得到相应的发展。

增长极理论虽然具有非常广泛的应用范围，但它也存在一定的局限性，最大的缺点就是大部分国家都还没有实践成功。欠发达地区不能满足使用增长极理论需要的区位条件，即使存在于从发达地区迁移过来的现代化企业，也无法使增长极发挥作用，因为它不能与当地形成产业链。

4. 倒 U 字形理论

威廉姆森以库兹涅茨的收入分配为基础，提出了倒 U 字形理论。威廉姆森在实证分析后得出结论：经济发展初期，总体经济会逐渐发展，区域经济的差异也会保持稳定扩大；经济发展到一定程度时，随着总体经济不断发展，区域差异也会渐渐缩小直到最后消失。重置资源分配会使政府为增强信息不对称程度而将区域内的信息进行重置，并转移资本和劳动力，改变目标，同时这也是倒 U 字形变动的三个主要影响因素。其中，国家发展目标与政策也会影响区域经济的发展，具体表现为：政府重视促进经济的快速增长，因为政府优先发展条件优异的地区，会不断扩大区域差距。在政府政策偏向于发展经济而不做出改变时，就不容易减少这种扩大。然而在现实中，经济学家会对检验倒 U 字形的存在性，所要利用的国家数据不同，得出的结论也会不同，所以经济学家一直质疑该理论的普遍性。

5. 区域经济发展梯度推移理论

以弗农提出的产品生命周期理论和汤普森提出的区域生命周期理论为基础，梯度推移理论被提出。生命周期理论主要观点是，尽管各个工业部门和各种工业产品处在不同的生命循环阶段，但都会经历四个阶段：创新、发展、成熟、衰老，哪怕它们的推动因素不同，兴衰更替的速度也不同。在区域经济学上，产品生命周期理论的延伸是区域生命周期理论，主要观点是处在不同阶段的区域，面临的问题不同，所处竞争地位也会不同。以这个理论为基础，梯度推移理论主张将创新阶段具有发展潜力的专业部门作为主导产业的区域划入高梯度区域，对经济进行均衡分布，逐渐使生产活动从高梯度地区转移到低梯度地区。

该理论也存在一定的缺点，它忽略了落后地区内部也存在相对发达的地区，经济发达的地区内部也有落后地区。因此，只能按照梯度推进进行人为限定，拉大区域间发展距离的可能性就比较大。同时，按照科学的标准划分梯度并不是很简单的。

6. 区域经济非均衡增长理论简要评述

区域非均衡增长理论在实践应用中的效果比较明显，它是对均衡增长理论的一种修正。它促进发展中国家经济发展，为发展中国家的经济发展路线提供政策工具与理论基础。但在政府和市场作用的认识上，非均衡发展的各个流派存在一定的分歧。缪尔达尔和赫希曼支持政府发挥作用进行干预，对扩散效应会大于回流效应做出了乐观的估计。除此之外，理论也存在一定的缺点：这些理论都没有涉及非均衡发展的合理界限问题等。

第三章 区域创新与区域经济发展

第一节 区域创新概述

一、区域创新体系

1912年，美籍奥地利经济学家约瑟夫·熊彼特提出了创新理论。当今世界呈现出日益明显的全球化趋势，世界经济呈现出区域化的发展特征，以区域为单位进行分工，区域创新在地区经济获取竞争优势的主要决定性因素中的地位日益显著。在这样的条件下，有关于区域创新的研究都受到关注，而区域创新系统是区域创新能力的研究对象，更受到了众人的关注。

区域创新系统（Regional Innovation System，RIS）是由英国学者Philip Nicholas Cooke首先提出的，然后完整地进行了实证分析和理论论述。Cook、Braczyk与Heidenreich发表并出版著作《区域创新系统：全球化背景下区域政府管理的作用》，Cooke阐释了区域创新系统的含义，对创新具有支撑和创造作用，指出它是一个区域性的组织体系，由高校、科研机构和企业等组成，在地理位置上相互区分却又存在许多关联。

Wiig也开展了一些研究，他的观点是关于区域创新体系的构成的，主要包括培养创新人才的教育院校、生产创新产品的创新集群、提供创新融资的金融服务机构和约束与支持创新活动的政府机关等。

Asheim和Isaksen在研究分析了区域创新系统的影响因素之后，认为主要因素是区域识别节点和创新政策与工业集群。Asheim还和Coenen对区域创新系统的构成进行分析，构成是区域内的主导产业集群、制度基础结构以及它们之间的互动。

加拿大的Doloreux阐释论述区域创新体系，将它定义为个人、政府机构、公共团体和其他组织相互作用的整体,实现功能需要依靠组织和制度,有力地推动了新知识和技术的创造、扩散和应用。

从20世纪90年代末,国内学者开始对引入的区域创新系统的概念进行探讨和研究,随后他们提出了相应的定义。当时,在国家科委工业司的全力支持下,柳御林等(1997)和澳大利亚Turpin等学者展开了对区域创新体系的研究。

熊波与陈柳认为,区域创新系统是一个为创造、储蓄和转让新知识与新服务的网络系统,不仅仅涵盖高校、主导技术开发与扩散的企业和科研机构,还离不开政府机关的参与和中介服务机构的介入。

冯之浚在他的《国家创新系统的理论与政策》一书中,对区域创新系统的含义进行阐释,提出它的构成部分是:某一地区内的高校、企业、科研机构、中介服务机构和地方政府。

陈光与王永杰给出的定义是,区域技术创新系统是指在一定技术区域内,它是一个社会系统,由相关社会要素(高校、企业和科研机构等)组成,与创新全过程相关的由机构、组织和现实条件所组成的网络体系。

黄兽成立足于创新的主体与非主体要素,对区域创新系统进行定义:它是一个网络系统,在经济区域中协调创新研究机构、创新物质条件和组织团体之间关系的政策和制度。

胡凯、尹继东则认为区域创新体系较复杂,为区域内创新企业、政府和市场的配套机制,由分享机制、扩散机制、利润的驱动和知识的学习等共同构成,有利于开展创新型的活动。

从现在来看,国内外对区域创新系统概念的研究都很不成熟,它的提出时间较晚,即便在实证分析和理论研究上均有探索,但是更注重对案例的实证分析。同时,我国在这方面的研究也不断学习效仿国外,因发展不完善而导致突破性成就比较少。所以可以说明,在我国的创新研究中,对区域创新系统方面的研究依旧很少,是一个薄弱的环节。

二、区域创新能力评价

许许多多的创新定义衍生出对区域创新能力的许多解释。Cooke等以区域创新系统非常重要的三种制度形式为基础,对区域创新能力进行界定。Lall(1992)定义了创新能力,有效吸收所需要的知识和技能,针对现有技术进行掌握并充分改造,对新技术进行创造并且不会轻易地被复制和转移。除此之外,Gans等指出区域创新能力存在生产各种创新产品的潜力,其中最主要的影响因素是R&D存量。同样，Ridde 和 Schwer 也提出了区域内持续产生与商业相关的创新的潜力的定义。根据区域创新能力的定义，国外学者展开了很多关于区域创新能力的相关评价研究，取得了相当的成绩。

欧盟成员国制定了一个创新指数方法，衡量区域创新能力，也是这一方面的标准性研究。它主要从四个方面对欧盟成员国的创新能力进行评价：人力资源，应用和扩散知识，创造新知识，创新资金产出和市场。

在国内，《中国区域创新能力报告》是对区域创新能力所进行的权威性研究。从 2002 年开始出版至今，研究报告已经有 10 余载，目的是从五个方面：知识创造与获取、企业创新能力、创新经济绩效和创新环境整体地或分项地对中国各省、市、自治区的区域创新能力进行评价。在国内，其数据和指标获取的完整性和研究机构的权威性，已成为区域创新研究的一个经典范本。

评价从不同的方法可选择，主要有聚类分析法、主成分分析法、主传统评价法、比较分析法和因子分析法等。在涉及对区域创新能力的评价方法进行选择时，学者们首先会选取定性的评价指标，然后确定指标权位和建立评价模型，最后输入标准化后的数据并计算出最后结果。

三、创新效率研究

在发达地区，评价创新效率已经有较长时间的实践，有关研究对宏观问题与微观问题都有所谈及。国外学者所做的如评价创新效率的各个环节等很多实证与案例研究，基本都已经形成了较为成熟的理论基础。

1957 年，美国经济学基于生产者均衡、一般生产函数进行规模报酬不变和技术变化中性等三项假设，无数次对投入的产出效率给出度量。20 世纪 80 年代，业绩评价方法体系以财务指标为主，主要采用该方法对创新效率进行评价。直到 90 年代中期，出现了两个新的创新效率指标：产品生命周期各阶段里的企业销售收入和创新产品所占销售的比例。随后开创了测评指标：提高活动效率和创新内部程序。

除此之外，L.Diaz Balteiro 等借助非参数的 DEA 方法深入分析西班牙木材工业的创新活动和生产效率进行；国外学者 Nasierowski 和 Arcelus 采用 DEA 方法评价 OECD 国家的创新效率评价问题；W.Nasierowski、F.J.Arcelus 在研究国家创新系统效率时也采用了 DEA 方法。

在研究创新效率方面，国内学者获得了一些成果，尽管他们起步的时间较晚。由于创新效率涵盖的定性和定量因素比较多，所以仍在不断地探索评价方法和理论，有学者曾尝试着去解决创新效率评价问题。

一些研究则立足于区域层面。彭建华和任胜钢借助两阶段的模型方法，对创新投入转化为经济产出这一过程进行深入分析。通过 DEA 方法评价中部区域创新系统的绩效，并把北京、上海和广东地区进行比较后再做出充分的分析，提出了中部地区使用 DEA 方法无效的原因和相对应的策略。池仁勇和唐根年对 DEA 测算方法进行了详细介绍，充分阐释了区域技术创新效率的概念，并以浙江省 11 个地区为例，对区域技术创新效率进行有效测算。在对我国各地区创新系统特点进行研究时，刘顺忠和官建成依照各地区具体情况提出具有高度针对性的建议与对策，采用了 DEA 方法对不同地区的创新绩效进行测评和分类研究。池仁勇还和李正卫、虞晓芬利用 DEA 方法，测定 30 个省、市、自治区的创新效率，其结果是呈现西低东高的特点。罗亚非和李敦响也运用 DEA 方法，合理分析中部六省及京沪粤等区域技术创新绩效，针对中部地区技术创新绩效相对较差，认真分析原因，并提出改进意见与措施。周勇、钱灿、张宗益及赖德林充分对我国 31 个省、市、自治区的数据进行利用，并运用随机的前沿生产函数（SFA）对我国区域创新效率进行实证研究，结果是各地效率低下但却呈上升趋势，并且东、中、西部有着比较明显的差距。

另一部分研究定位于行业、企业角度：张红彩（2006）与黄筲成则采用因子分析法计算北京制造业的技术创新效率，用精简的技术创新因子对原始数据中的大部分信息进行替代，并评价了技术创新效率。池仁勇采用 DEA 方法，站在企业规模的立场上，依据浙江 230 家企业的调查问卷，计算大、中、小企业的技术创新效率。王海燕和李双杰也选用 DEA 的方法，仔细地对北京市制造业不同行业技术创新资源的使用情况进行分析，有效计算资源配置效率，探讨创新效率低的成因。王建华、赖明勇也采用 DEA 方法，评价中国工业制造业各部门的技术创新，其结果表明化学化工、贱金属工业和非金属制造业的技术创新存在着问题，并提出改进意见。

从整体出发，在国内，对于创新效率的研究，大多数学者把有关创新投入影响因素、创新能力和产出过程等问题作为重点，通过分解创新过程，对投入产出指标进行选取，采取因子分析法、数据包络分析法和回归分析法评价创新投入产出效率，把有关创新投入影响因素、创新能力和产出过程等问题作为重点。

第二节 现代系统科学的相关理论

目前,国外部分学者已经开始使用复杂性理论对创新系统进行研究。系统科学已经发展到了研究开放的复杂巨系统和适应系统的阶段。1998年,Gregory A. Daneke 研究了美国创新系统的进化过程与非线性经济。他充分利用了自组织理论和非线性理论,扩充熊彼特的创新理论。他认为,技术创新是经济增长中心,对其他社会要素的影响十分重大。在20世纪90年代末期,英国学者Robert W. Rycroft 及 Don E.Kash 出版了《复杂性的挑战:21世纪的技术创新》。在区域经济发展自主创新的过程中,创新有多个主体且主体是主动的,创新具有涌现性,创新系统是多层次性的,创新环境和创新都是复杂的。本文涉及的现代系统科学层面的相关理论借鉴和参考价值的意义很大,同时也是区域经济发展的自主创新理论研究的重要基础,于本文进行更深入的研究和尝试建立理论框架存在着非常重要的学术价值和理论意义。这些理论主要包括下列三个方面:

一、协同理论

协同理论这个词即指关于"合作的科学",它来自希腊语。该理论的创始人是联邦德国理论物理学家赫尔曼·哈肯,1969年时他正在斯图加特大学授课,那时他便开始使用协同理论的概念;1971年,他发表对协同理论的概念和基本思想进行初步阐述的文章;1972年,国际学术会议举行。在之后的几年中,协同理论发展快速。1977年,哈肯发表了《协同理论导论》,使协同理论的理论框架得以建立,同时也是这门学科诞生的标志。注重研究组织产生和控制等问题的伴随"协同作用"进行的自组织理论是协同理论的核心,实际上它是一种现象:系统内部各要素或者各子系统间不仅进行相互作用还进行有机整合的现象。在这个过程中,强调系统内部各要素或子系统之间的差异与协同,辩证统一需要达到的整体效应等。

协同理论的主要观点是,许许多多的子系统有能力组成任何一个系统,系统内子系统间的相互作用决定系统的整体行为,子系统之间的相互作用比较大且独立性较小时,在宏观上,系统的整体会显示出有序的结构特征。相反,当子系统的独立性占据主导地位,相互作用比较小的时候,它们会处于"热运动"和杂乱无章的状态,进而在宏观上,系统结构呈现无序化,没有稳定的结构存在。当非线性开放系统处于不平衡状态,并且系统与外界的物质交换和能量达到相当程度时,系统便通过自组织协同各子系统进行作用，进而使系统演化为具有一定有序性的耗散结构。

由此可以看出，系统有多种多样的类型，它们的属性虽不同，但在整个大环境中，各个系统之间既相互合作又相互影响。其中，涉及的一般现象为企业之间存在相互竞争，不同单位间存在相互协作配合，各个部门之间互相协调和系统中的互相干扰与制约等。协同理论认为，在一定条件下，大量子系统进行相互作用和协作，由它们组成的系统能够被看作是研究从自然界到人类社会中各种系统的逐渐发展，并应该对这种转变需要遵守的共同规律进行讨论。需要再次说明的是，当子系统之间互相关联引起的"协同作用"占优势地位是系统内部自发组织的表现。系统内部自发组织起来的现象一出现，系统就会处于自组织状态，它在宏观和整体上就具有一定的结构与相对应的功能。运用协同论的方法，能够把已取得的研究成果拓宽类比于其他学科，可以为探索未知领域提供有效手段，也有利于找出控制系统发生变化的影响因素，更好地使子系统之间发挥协同作用。

二、耗散结构理论

在1945年，比利时物理学家普里高津（I.Prigogine）建立了线性非平衡热力学的最小熵产生原理，由此使灵感得到很大的激发，在1967年的"理论物理与生物学"国际会议上，他提出"耗散结构"的概念。1971年，普里高津和格兰道夫（P.Glansdorff）合著了《结构、稳定与涨落的热力学理论》，详细阐述了耗散结构理论，并将该理论应用到化学生物和流体力学等方面。普里高津创立了耗散结构理论，因此荣获1977年的诺贝尔化学奖。

形成耗散结构至少离不开四个条件：一是系统应该远离平衡态；二是系统是开放的；三是通过随机涨落使系统实现由无序到有序的转变；四是系统内部各个要素之间具有非线性的相互作用。耗散结构理论提出，一个开放系统无论是物理的、化学的、生物的、力学的系统，还是经济的、社会的系统，如果不再平衡，并且也与外界不断进行能量与物质的交换，在外界条件的变化到达一定阈值时，系统的状态就可能会由原先的无序转变为有序（在功能或时空上）。耗散结构理论以热力学第二定律中揭示的时间的不可逆性为出发点，认为自然界会进行方向性的发展，需要在物理学中引入"历史"的因素。它提出，一个开放系统能够从外界吸收负熵流来抵消自身的熵产生，逐渐减少系统总熵，进而实现从简单到复杂、无序到有序的演化。耗散结构理论表明，系统只有在处于远离平衡态的情况下才可能会向有序、有组织和多功能的方向发展，在处于近平衡态与平衡态均不可能产生新的有序结构。因此，普里高津指出：非平衡是有序的源头。对耗散结构理论的构建，在过去被看作是干扰整体行为，但在不稳定性中依然能够成为建设性因素。

三、突变理论

突变理论由法国数学家托姆创立，该理论来自托姆与生物学家们探讨的生物形态发生学及研究分析学与拓扑学中有关的结构稳定性。英国数学家齐曼在1961年发表了《头脑与视觉认识的拓扑学》，托姆在1968年受到启发，发表了他的第一篇论文《生物学中的拓扑学》。对于《结构稳定性与形态发生的突变理论》的手稿工作，托姆同年也完成，并阐述了他的系统理论。突变理论得到快速传播，主要得益于齐曼，他不仅仅大力推举突变理论，还将其划定为系统理论。突变理论也称：连续的改变说明参数如何引起不连续现象的一种理论。突变理论实际上研究的是静态分支点问题（平衡点之间的相互转换问题）。尽管它自身并非系统自组织理论，但它是和系统演化的相互变化（有序到无序的变化）紧密联系的，导致的结果的突然变化是揭示了原因的连续作用，进而可以使我们加深对系统这种转化的多样式途径与方式的理解。

突变理论的主要观点是，只要是系统，它的内部必定会具有内聚力和发散力两种力。内聚力保证系统的稳定，发散力则会干扰系统的稳定。一个系统中具有两个或两个以上的稳定态时，便会有相应的控制因子形成。发生冲突和运动也是由于这些不同稳定态控制因子之间的相互作用。当一种控制因子的拉力大于另一种时，事物会倾向于某一稳定态；当一种控制因子与另一种的拉力对等时，事物会保持平衡状态；当一种控制因子的拉力整体大于对方时，事物就会对某一种稳定态进行完全倾斜，进而发生突变，由内聚区域走向发散区域，从而会进入另外的系统当中。

第三节　区域创新与区域经济发展关系概述

一、关于创新与经济发展关系的国外相关研究

国外的学者对区域创新系统及系统之间进行了关系研究，并且有自己的理论方法，尽管方法不成熟也不完整，但他们也取得了一定的进展。

Robert M.Solow 等分析了不同发展阶段，技术进步对经济增长所起的作用。Peter J.Shehena 在 *Australiaand the knowledgee conomy* 一书中，详细阐述了科技促进经济增长的思想。以澳大利亚为例，拿它和其他国家分析比较，并评价澳大利亚的科技创新体系，从知识密度、科研水平和科技基础等方面提出具有针对性的意见与建议。Chandler、Rosenborg 和 Moss 等都相应地研究了 R&D，他们的观点是：确定投入比例和份额利于技术创新的持续进行，从而促进经济的健康发展。Leontiev 依托投入产出表分析了不同时期的不同消耗系数，同时也从微观的角度对技术和经济的关系进行分析，从而对部门之间技术的变动情况做出了详细解释。

除此之外，经济合作与发展组织（OECD）成员国家站在知识经济的立场上，对指标体系进行构建，通过计算方法评价科技对经济增长的影响。在宏观上，采取加权统计的方法分析科技和经济的关系。其结论是科技指标和人均 GNP 呈正相关关系，伴随人均 GNP 增长，科研人员比例和科技投入比例均呈增长趋势，但不是简单的线性增长。

二、创新与经济发展关系国内研究进展

对国内学者的研究进行归纳总结，针对区域创新和区域经济发展关系的研究进行划分，可以划分为三类：科技与经济协调发展、创新推动经济发展、科技投入促进经济发展，站在这三个的立场上，对区域科技创新和经济发展之间的关系进行研究并充分地分析。

立足于科技和经济协调发展的立场：吴寒光依据发达国家的发展史，对社会发展、科技和经济之间的辩证统一关系进行说明，并分析近半个世纪中我国经济比例失调和社会发展滞后等问题。在何桂林发表的《经济、科技、社会协调发展战略》一书中，把经济与科技的协调发展定义为：在对外开放条件和各自内部之间协调的条件下，经济和科技两个子系统既相互依存又共同发展和形成这种状态的稳定的内在运行机制。孙见荆采取定量方法分析判断经济、科技与社会之间的关系，进而构建灰色关联模型。赵修卫、张雪平及黄本笑于《科技进步与区域发展》一书中指出区域中发展科技应该依照本地区的特点，从而能够充分利用科技创新来促进经济进步和区域开发。张仁开和杨耀武站在经济、科技协调发展的立场上，针对我国 31 个省（市、自治区）的经济与科技协调的水平进行充分的分析与评价，发现各区之间经济与科技的发展存在明显的差异，两者发展的协调程度并不高。

立足于创新促进对经济增长的角度：基于 2000—2003 年区域经济水平和创新能力的有关数据，郭新力通过计算研究发现我国区域创新能力有力地促进了经

济增长，做出了巨大的贡献，贡献度极高。贡献度和地区发达程度呈正相关关系。刘方池和吴传清认为区域创新既可以促进区域产业结构、区域经济增长方式、区域经济发展的要素形态与功能和区域经济空间结构的变化，又可以促进区域经济进行制度上的创新。王瑾研究区域创新促进经济增长的机理，其主张是具有特色的区域核心产业的增长决定区域经济增长，促进核心产业增长的决定性力量是区域创新。朱勇和张宗益运用微观计量经济学综列数据的研究方法，构建收集2000—2003年与技术创新力和经济水平相关的综列数据指标，进行研究后发现区域创新能力有利于提升经济发展水平。王海鹏等通过格兰杰因果检验和建立误差修正模型，发现中国科技投入和经济增长之间存在着双向因果关系。与因果关系进行检验后发现财政科技投入与经济增长之间具有长期的动态均衡关系。张叨喜构建了灰色关联度模型，实证分析后发现科技活动人员投入和科技经费投入对促进产业经济增长具有重要作用，然后通过采用聚类方法对不同投入水平地区的不同产出效率进行分析发现它们之间存在一定的差异性。以中国沿海三大区域为例，王立成等（2010）充分利用灰色关联度，分析了经济增长与科技投入之间的作用关系，其结果是科技活动经费、人员与R&D经费对沿海三大经济区域经济增长的联系较为密切。

第四节 创新投入—产出的有效性机理分析

一、创新投入—产出有效性

有效性反映的是创新活动的实际效率，将它应用到区域创新的领域，它指的是完成策划活动和达到结果的程度怎么样，和对区域创新活动效率的表示如何，是对投入创新之后所完成产出的程度的考察。区域创新的过程就是一个创新资源投入向新产品、新技术产出转化的过程。区域创新有效性可以体现区域创新资源的配置效率，指的是区域创新资源的转化能力：由投入转化为产出，也指一个区域创新资源投入对产出的贡献程度。其中的投入有经费、设备和人员等。区域创新有效性的表现是：即使投入相同，也会因为创新主体和环境不同以及所处的行业不同，在产出的质和量的层面上也有所不同。通常认为，在生产前沿，区域创新基于以较少投入获得较高绩效的投入产出关系才是有效率的，达到的有效性也是最高的。

学者对创新效率最优条件的定义：（1）减少对某种要素的投入会相应地减少产

出，此时保持原产出的条件就是须加大投入其他若干种要素；（2）如果增加产出，需要减少其他产出或者加大对若干种要素的投入。企业或地区在投入一定要素后完成的产出和产前之间的差距所反映的就是创新效率，产出和产前的差距越大，反映出创新效率越低。

二、创新有效性与创新能力

评判区域创新能力高低主要看的是创新投入—产出的有效性，区域创新能力决定区域经济增长和竞争。

创新有效性与创新能力有着不同的概念，联系却很紧密。持续使新技术得以创造并投入各种创新元素，同时也对原先拥有的技术进行充分利用，通过一种全新的方式转化为现实的和有经济价值的产品或服务的能力（"外显"和"潜在"两种能力），这种能力就是创新能力。

外显能力就是创新产出能力，主要体现在一些新专利、新产品上；潜在能力是组成创新能力的重要部分，它包含了创新投入能力，潜在能力指的是能够达成可供市场交易的产品转化的潜能。创新有效性指的则是把投入的种种创新要素转化成市场需要的商品或服务产出的效率。创新效率的高低直接反映了该区域的创新能力，能够帮助该区域持续发展、快速发展。

详细来说，创新产出、创新投入和创新支撑三个方面构成了区域创新能力，将三者综合就可以反映出区域创新的规模。当然了，加强这三者中的任何一个，都会加强整体区域的创新能力，只是对不同方面的加强会对整体的相对贡献率不一样。一般说来，创新支撑由社会经济大环境决定，创新支撑环境的变化对区域整体创新能力的影响是比较小的。支撑环境和规模效益不变时，创新投入就决定了产出，这时的产出和投入是成正比的。所以说区域的创新投入是区域创新能力贡献率较大的一项因素。

区域创新的产出有效性主要考察创新的投入和产出，研究这两者的转化率就能够知道有效性的高低。当谈论到创新有效性时，我们知道在创新能力的三个影响因素不变时，通过增加创新投入，就能够使产出增加，但是这并不能够说明创新有效性提高了。提高了创新投入或产出能力也必会直接影响有效性，投入和产出能力对区域创新投入—产出有效性是没有影响的。其实，这种有效性是创新研发能力、强度、效率的体现。

因此我们知道，提高区域创新投入—产出有效性是能够综合提高创新能力的。创新有效性直接影响着单位创新投入的有效产出量：有效性越高，产出量也就越大；反过来，有效性越低，产出量就越小。这也就意味着，不改变创新投入，只要提高创新有效性就能够直接提升创新产出能力。在这种情况下，加大创新投入，相应地产出就会增加。创新投入、创新产出及创新支撑三个方面的有机结合又构成了区域创新能力。支撑环境不变，创新有效性的提高会带动提高创新产出能力；进而加大创新投入，创新产出就会增加并且带动产出能力。通过分析可以知道，区域创新有效性会对单位创新产出能力产生直接影响，通过提高区域创新投入—产出有效性就能够极大地提升该区域创新综合能力。

第五节 创新与经济发展的互动作用分析

一、创新推动经济发展

经典创新理论把技术创新定义为一项活动，在这项活动中科技和经济是相结合的，并且会发现新科技、市场化新技术、商品化新发明。从20世纪工业化开始到现在，人类的社会发展一次又一次地表明科技创新能够大大加速经济发展，推动社会进步。例如，第一次工业革命发明了蒸汽机，促使当时的生产力极大地提高，实现了机械化生产，大大提高了生产效率，还产生了很多新兴企业；还有在20世纪40年代，在新产业的革命中，创新产生了新材料和信息技术等领域，随后引发了一系列高新技术产业的快速崛起。进入21世纪后，经济发展开始面向全球化，信息技术、"新经济"已经成为经济发展的中流砥柱。并且这种新型经济有许多优势，如低失业、低财赤和高增长。这些都表明了科技创新是推动经济"持续、快速、健康"发展的主要动力。区域创新推动经济发展的过程具体见图3-1。

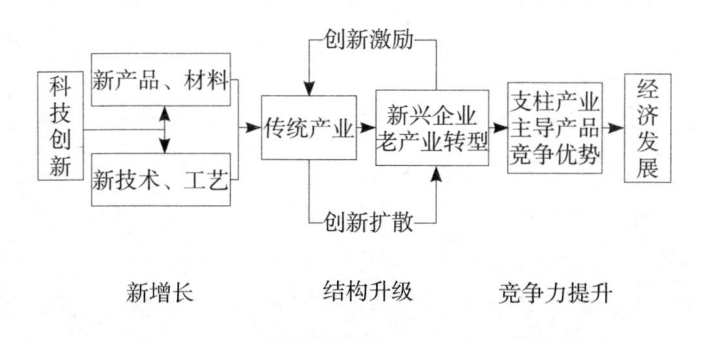

图 3-1 区域创新推动区域经济发展机理

1. 区域创新为区域经济发展提供新的增长

区域经济在发展初期时快速发展是比较容易的，因为区域经济可以依靠其内部自然资源优势、已有产业优势和分工上的优势；但是，久而久之，这个模式发展就会遇到资源枯竭、产业老化等问题，产业发展就会停滞不前。要实现区域经济持续发展、经济技术水平增长，就必须靠科技创新来发现新的经济增长点。例如促进区域创新成果产品化、加速新工艺的应用等，可以把新鲜的经济血液加入区域经济中，帮助企业打破发展停滞、实现经济持续快速发展。并且企业的创新能力还可以为区域的其他企业服务，提供新的技术，可以促使经济更大规模地增长。还有，形成了良好的区域创新环境会促使技术创新，技术创新的成功又会反过来更新区域创新环境，从而形成良性循环。创新的主体持续地为经济发展提供依托，知识和新技术使劳动生产率大大提高，在质量上，促使经济增长越来越高，最终实现区域生产力极大地促进经济发展，出现新的起点。

2. 区域创新促进区域产业结构升级

在区域内，不同的创新主体之间有着密不可分的联系，相互支持，从而形成良好的环境，从少数的企业开始创新慢慢变成大量企业创新，并带动整个区域产业的结构升级。首先，区域技术的创新会带动产业的科技水平、生产工艺以及生产效率的提高，这样就会使产业朝着良好的方向转型：从劳动密集型、资金密集型转型成为技术密集型、知识密集型；其次，产业竞争愈演愈烈，在产业发展停滞时，这些发展中遇到的困难会促使企业积极创新、积极使用创新成果，把新兴产业与传统产业相结合，甚至最后完全转型，一跃成为新型企业；最后，技术创新可以使生产质量提高，增加产品价值，并促使低附加值产业朝着高附加值产业的方向加速发展。所以说，企业在产业结构上的升级就是越来越依赖技术的进步以及知识的创新；地区产业在技术和知识上面的含量持续增加。区域创新会极大地推动产业整体的结构调整，并且不断加速产业整体结构的优化甚至升级，使产业结构持续地向优化、合理以及高级的方向持续发展。

3. 区域创新提高区域竞争力

区域的核心竞争力在区域经济发展的任务中是重中之重。区域核心竞争力主要表现在产业核心竞争力和企业的管理核心竞争力两个方面。技术创新就好像武林高手的内功一样对经济增长有着非常重要的内生作用，而区域创新就是会充分发挥促进作用的外功，使得区域内外兼修，内支柱产业和外支柱的主要产品相辅相成，形成自己独有的竞争优势，并且不断地提高产业层次，使得新技术可以切实地运用到实际生产中，来提高区域的综合竞争力。而且，技术革新也可以使产品多样化与创新化，创新得来的是技术的运用，这些不仅会帮助企业建立起自己独特的竞争优势。还可以探索出区域经济新的增长点，开发出经济的潜在发展趋势。这样会大大增强企业的核心竞争力，企业核心竞争力的增强又能够提高整个区域的竞争力，以点带面，全面提升。

二、经济发展反哺创新

区域创新依靠的不仅是科技的创新，更要符合市场的需求，共同进步才能达到利益最大化。美国学者 S.Myers 和 DMarquis 曾做过一次深入的调查，调查对象是将近 600 项新产品的研发动力，调研结果表明：这些新产品的研发超过 40% 是由市场需求引起的，20% 是技术革新推动而研发的，超过 30% 是由生产和企业管理因素引起的。由此我们不难看出，不仅仅是创新主体的内部因素，创新主体的外部社会也是经济发展的发动机。Nelson、Romer 及 Lucas 等人提出的新增长理论就把科技的创新与进步定为区域经济系统的内部变量，宣称经济的增长其实对科技进步有着极大的推动作用，还能够为科技创新提供资源和人才，这就促进区域内科技不断进步、企业的竞争力持续增强。反过来，这样就又增强了区域创新的动力。区域经济发展对于创新进步的促进作用如图 3-2 所示。

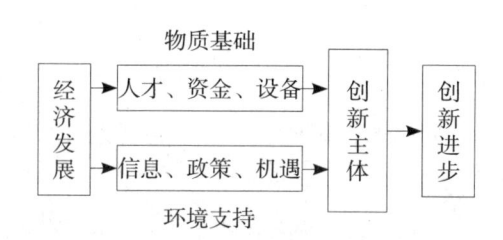

图 3-2　区域经济发展反哺区域创新机理

1. 区域经济发展为区域创新提供物质基础

资金、设施、人才等创新要素的提升，也会促使区域创新能力越来越高。这与区域经济的发展联系紧密。随着创新不断进步，所投入的仪器设备和资金等也会更多，人是知识的载体，自然对创新的作用十分重要。另外，经济发展也会促使创新要素发展，就可以提供更多的资金、设备等创新所需的资源。只有经济发展良好，才能吸引更多的高端人才，也才有能力不断注重教育的资金投入，培养更多的人才。所以说，区域的经济发展能够为区域创新提供经济保障，是区域技术创新的物质基础。

2. 区域经济发展为区域创新提供环境支持

内部的各种支持是区域创新必需的，创新也离不开外部的各种因素。一方面，区域创新的内部环境是由区域经济发展提供的。区域经济发展可以加速完善区域内部的政策、组织和管理，为区域创新保证了良好的内部环境，这样就有利于创新主体营造出新的创新需求、发现新的创新机会。另一方面，区域是具有开放性的，这样的性质就决定了区域必定会与外界产生交流。在交流的过程中必定会与外界交换信息，这是会不断完善区域创新的外部环境的。只有区域创新的内外环境都不断完善，创新活动才能得到良好发展，并不断提高创新能力。

第六节 创新对经济发展的时滞作用分析

一、创新对经济发展时滞作用的过程

通常情况下，某个区域的经济发展与区域创新是紧密相连的，一般都是创新有了成果，经济就会紧随其后得到发展。当然了，创新成果对经济的推动作用会有一定的滞后性，这是因为创新投入、研发和产出三个阶段均有时滞性而导致的（见图3-3）。

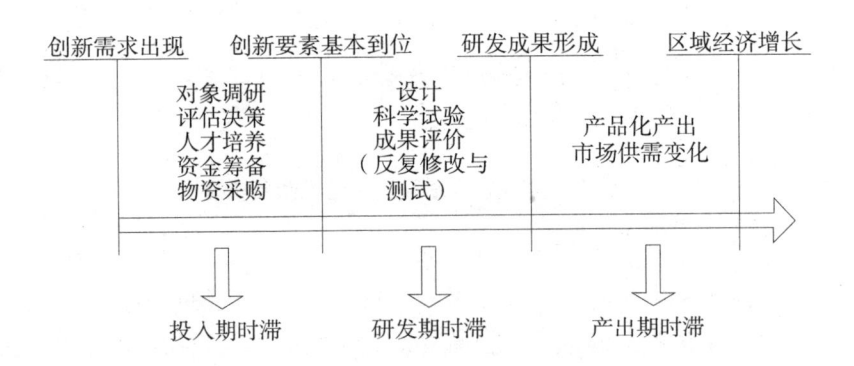

图3-3 区域创新对经济发展时滞作用过程

1. 创新投入阶段的时滞

科研资金、设备仪器、科技人才等要素是区域科技创新的主要投入。科技创新的过程有对象调研、评估决策、人才培养、资金筹备、物资采购等过程。有了需求后，需要一定的时间来收集创新目标的信息，这大多是有关的科学技术，或者是可以使用的外部新的基础科研成果。创新主体经过一定时间来审核问题，评估和决策。更需要时间来进行人才的培养以及创建优秀的科研小组。另外还需要时间来筹备科研经费，购买科研设备、材料等。所以，各个阶段的准备都是一个个过程，是需要时间的，这样就产生了投入时滞性。

2. 创新研发阶段的时滞

从开始到最后研究出成果是极其复杂，耗费大量时间的过程，按照规律，科研人员首先要完成设计、接着进行科研实验以及成果评价等程序，这都需要大量时间。通常，研发程序的完成就会形成初步的研究成果，检测完成初步的成果后，如成果符合设计要求，就形成最终科研的成果；假如初步的成果不能够达到设计要求就要进行反复的实验修改直至达到设计要求，并形成最终的科研成果。在实际的情况中，往往由于科研的复杂程度、投入强度、科研基础等的不同，很多研发项目都会经过很多次的实验修改，这样就导致了科研活动过程中的反复性、时滞性。

3. 创新产出阶段的时滞

研究成果的产出还有核心技术、核心工艺和新型的核心产品等形式。但是，科研成果本身还不能够带来实际的经济效益，要把科研成果商品化后通过市场带来经济收益，然后才能在经济形式上表现，影响到了社会的供需关系，最后完成创新产品，进而推动区域经济加快发展。

二、创新对经济发展时滞作用的影响因素

我们需要意识到许多因素都会影响区域创新与经济发展时滞性的形成。对于不同的创新活动属性和产业结构，时滞作用程度是不同的，这是考虑到创新与经济发展间的作用关系所得出的理论，这主要体现了创新活动和产业结构的区分。

产生时滞作用的主要原因是创新活动属性。创新活动的内容、性质的不同都会影响到时滞性的产生，大致可以分为基础研发和技术、产品研发等几类，不同的类别所产生的时滞性也会不同。具体来说，基础研究是要有突破性的发现，研究难度大，所以投入也大，研究时间长，进展慢，还有很高的偶然性，所以基础科研的时滞性很大；但是关于技术改革、工艺升级和研发新产品的创新，都是在原有技术的基础上进行改造和提升，科研难度要比基础科研低很多，相应的投入也会降低，但是成功率会明显高于基础科研，研究周期也较短，所以其时滞性的作用也不那么明显。然而我们必须了解，区域整体技术水平高度，就决定了模仿

创新、完善技术的难度，所以说在基础上的研究是区域创新的根本动力。

区域创新与经济发展间时滞作用的另一个必要因素是产业结构。不一样的产业结构会有不一样的创新周期，所以它们的时滞作用也就不一样。像化工、钢铁等传统的重工业，它们的规模大，生产周期长，所以投入、花费的时间也很长，完成创新的难度也很大。此外，这样科研的成果转化成的产品被市场接受的转移成本也更大。但是规模小的新兴产业产品成本低、生命周期短，相应的创新投入就会较小，并且从创新投入开始到产品带来实际的经济收益的周期也较短，市场对此类产品的接受也较快。比较过后我们可以得知，区域创新与经济发展间的时滞作用在传统大产业中的作用大，在新兴小产业中的作用较小。

第四章 技术创新概述

第一节 创新的概念

所谓创新是指人通过复杂性思维来创造产出还未存在的事物或观念,以及这种事物和观念形成的创造性的活动。通常创新活动都是创新者有目的的、主动的行为,会对旧的事物或科技进行革新或本质性的改进,这对经济增长都有十分重要的作用。当今社会,经济飞速发展,创新的作用也越来越重要。尤其是在社会科学领域的学术研究中,关于创新的学术论文大量发表,远远超过了其他学术论文的增长。根据 ISI 知识网的数据库显示,到 2004 年,创新类论文所占比例已经是 1995 年所占比例的将近 20 倍。

根据熊彼特的《经济发展理论》的观点,创新可以分为以下几个类型:① 新的产品;② 新的工艺;③ 新的供应源;④ 新的市场;⑤ 新的创新主体组织方式。Freeman 和 Socte 根据熊彼特理论的创新类型,加上已有技术和新技术的差异程度,又把创新分为增量性(渐进性)创新和根本性创新(技术革命)。根本性创新(技术革命)可以对经济和社会的变革产生巨大影响,而要实现根本性创新(技术革命)的经济和社会收益,则需要长期地增量创新和改进。

创新的职能是通过创新主体的发明和创造,把革新、改善的技术投入到经济领域,并且通过这种创新来加快经济和社会长期稳定增长。对经济的长期稳定快速发展来说,创新是十分重要的,它推动经济发展,促进社会进步。创新内容紧密结合着学习,创新的方法很多也是借鉴了交叉学科的知识,所以说创新具有很强的结合性,随着时间、空间的变化,创新还会产生多样性。

创新有很多特点,具体来说可以总结为以下几点:① 新颖性,是创新的最主要的特征,新颖性又可以具体划分为绝对的新颖性和局部的新颖性;主观的新颖性和客观的新颖性。② 动态性，一项创新成果并不是可以永远使用的，随着技术的进步，先前的创新也会被淘汰，所以创新是需要不断发展更新的，因地制宜，真正符合市场才能被广泛应用。③ 系统性，创新一般都包含了很多相关联的过程，所以对创新的研究需要用系统的观点、方法进行分析。另外，创新是与其他组织关系密切，并不是孤立的。创新具有系统性的原因之一就是对外部资源的依赖性。④ 趋前性。经济和社会的发展在时时刻刻影响着创新，社会有了进步就会对技术工艺等产生新要求，创新就要随之发展，这就决定了创新一定会具有趋前性。⑤ 风险性。创新主体在创新活动过程中，并不能确定创新的结果，创新对经济可能会有积极影响，但也有可能产生消极影响。还有，创新主体在进行创新投入后是无法排除失败的可能的，创新活动也因此具有一定的风险性。所以，创新主体只能依靠科学的研究方法、合理的基础理论来进行科研，尽最大努力来降低创新活动失败的可能性，以及创新失败所带来的损失。

在进行创新活动时，必须本着实事求是的态度，以科学的价值观为指导。创新活动规律性极强，这要求创新主体一定要有扎实的专业知识，积极进取，把推动经济发展和社会进步作为创新活动的目标，充分发挥自己各项知识技能，努力取得创新成功。创新不是简单的重复劳动，而是要取得突破性的进展，对现有的科技产生冲击性的突破，对社会造成根本性的变革。创新是推进社会经济快速发展的根本动力，能够保证我国社会主义伟大理想的实现。

第二节　技术创新的概念

熊彼特提出创新的定义范围广泛，但并没有给"技术创新"进行严格定义。而一些国外的学者在其基础上从不同的角度研究、解读，对技术创新提出了几十种定义。

伊诺斯（J.L.Enos）学者第一次提出"技术创新"的定义是在1962年，他在所著的《石油加工业的发明与创新》文章中解释："生产过程中包括从选择所需的发明开始到追加资本投入，而后企业家与企业管理者建立合适的组织，并且制定生产规程，直至招工生产和开拓市场，以上行为的综合的结果被称为技术创新。"

美国经济学家曼斯菲尔德（M.Mansfield）从产品创新是主要研究对象的角度出发，对技术创新的定义为：创新是一种探索性的活动，这类活动从设计构思企业的新产品开始，到新产品销售完结束。

斯通曼（P.Stoneman）从数理模型切入，他把技术创新定义为"只有那些首次在经济活动中得到应用的新的生产工艺等才称得上是创新"。他认为研发过程是在交易前发生的，创新发明必须是第一次在生产过程中应用，并且这种应用符合成本低于收益的原则。

经济学家弗里曼（C.Freeman）从经济学专业的角度出发，更加强调创新的经济作用，他提出要规范化创新，强调技术创新的商业性转化，所以新产品或者服务、新系统和新生产的首次商业性转化都属于技术创新。

在我国，也有很多学者从多角度进行研究，对技术创新进行了多种解释，如傅家骥从企业的角度出发把技术创新定义为一个过程，只是这个过程的主导是企业家，企业家首先会掌握市场供需关系，为了获利而进行创新，推出新服务、新产品，以此来开发新的商机，建立起新的企业组织。

彭玉冰、白国红对企业技术创新的定义却稍有不同，他们认为，"企业技术创新是一个过程，在该过程中，企业家重新组合构建生产条件、生产要素、生产组织，以建立一个新的生产体系，该体系相比之前的体系效能更好、效率更高，能够获得利润也更大"；张培刚认为，技术创新是不断循环、逐步提高的一个过程，它重视生产力的发展，目的是要使新技术应用到实际生产中；刘常勇认为，技术创新能够缔造新价值，并且在这个过程的核心是新的概念通过新产品、新工艺以及新的服务方式将被应用到市场中。

通过比较总结得出结论，不管是国外还是国内，学者们对技术创新的定义大概有两种：一种认为技术创新是围绕要素组合，偏向技术创新是创新资源组合；还有一种认为从整体上看技术创新是一个过程，主张技术创新的主体、目的、方法和方式等在不同的模式下相结合的过程。本研究则认为技术创新的概念更应强调技术创新转化为商业的应用，本文这个技术创新的概念应当充分体现它的商业化价值，所以本文的研究基础就是这个概念：技术创新是为建立起效能更强、效率更高和费用更低的生产经营系统、实现更高的商业利益的新产品、新工艺和新技术的首次应用的过程。

第三节　技术创新在经济发展过程中的重要性

创新堪当一个民族进步的灵魂。尤其是在知识型经济的当今社会，科技影响着经济发展的方方面面，技术创新决定了经济能否持续快速发展。能够使固定资产的结构更优化是技术创新的优势体现之一。具体来讲，技术创新能够催生更科学的管理方法，还可以优化劳动力就业结构，优化投资结构等。技术创新的作用主要有以下几点：

一、促进企业的持续发展和提高企业经济效益

技术指的是人类在劳动实践过程中不断积累的经验、知识和技能。在21世纪的经济环境中，企业的核心竞争就是核心技术的竞争。创新技术可以给企业带来很多益处，如增强企业的竞争力，增加企业效益，改善市场环境，为企业积累更多的经验。不断地进行技术创新可以持续地为企业注入新的优势，进而增强企业的竞争力，使企业更好地适应市场需求，创造更多的价值。另外，绿色化的技术创新除了可以加速经济增长，还能够使人类社会和自然的关系更加协调。提高技术水平还能够提高劳动力的利用效率，优化了劳动力的质量和种类分配。进而完善产业结构，使其更加先进，从而达到增加企业经济效益的目的。傅家骥就曾表示，技术创新是提高企业经济效益的唯一方法。

二、优化经济结构

总结可知，创新技术和改进技术一定会影响经济结构。例如，农业技术的提高导致了第一次产业结构改革；蒸汽机和纺织机械发明后，发生了第二次大的产业结构变化。例如农业技术的发展带来了第一次大的产业结构的变化。进入21世纪以来，电子计算机技术的新兴飞速发展也带来了新一轮的产业结构变化。技术创新一方面可以极大地促进生产率的增加，另一方面能促进劳动工具的自动化和智能化；另外，技术创新加大了劳动对象的范围，从而帮助人们发现新的自然原材料。这些都说明了产业结构深受技术创新的影响。索洛把技术进步看作是实现经济持续增长的唯一途径。

三、增强综合国力

我国正在快速发展，也要求科技要更好地发展。技术创新能够加强民族的国际竞争力，进而达到增强综合国力的效果，如不断研发新产品和新的生产设备等。当今社会科技高速发展，对社会生活的影响越来越大。国家的发展和进步越来越依赖科技和先进的管理模式等因素。技术创新完全改变了供需结构，促使产生了许多新的产业，甚至影响了新的世界格局，科技已然成了最重要的生产力，是财富的最大创造者，也是各国竞争的主要要素。

四、促进技术进步

有一项定义将技术创新分为技术创新、技术引进和技术改造三个方面。尽管技术创新的定义尚未确定，但一般技术创新指的是新技术的研发，包含了开发新产品和新工艺两个方面。纵向分析，包含了研究成果的研发、大量生产和销售实现经济效益等过程。横向分析，技术创新又包括管理模式、销售网络的创新和新建。因此，我们将技术创新定义为是科技和经济融为一体的过程。技术创新可以持续地革新技术，使得企业能够及时把握市场新动向，抓住机遇，不断创造新的经济利益，保证经济持续增长。可以说技术创新是集科技和经济为一体的过程。

技术的持续创新对于知识的传播和更新也是很有作用的。技术创新可以优化原来的产业结构，还可以催生很多新的经济产业。从可持续发展角度来看，技术创新可以不断地研发新材料、新能源，给经济发展不断注入新鲜血液，也为循环经济、绿色经济不断提供新的途径。在实际运用中，要全面发展技术创新、管理创新和制度创新等方面。当前社会的国际竞争越来越激烈，一个企业或国家要想立于不败之地就必须不断地进行技术创新。

第四节 技术创新与科技创新的界定

技术创新指的是用新研发出的基础科学如信息、技术等，创造出新的产品，或改善现有的产品。而科学发现是知识创新的基础。知识创新就是根据对大量信息的研究来形成新的观念，揭示事物的客观变化规律。而知识创新、管理创新和科技创新三者共同构成了科技创新。科学发现是知识创新的基础，也是知识创新的重要组成部分。知识创新是技术创新的理论基础，技术创新是知识创新的物质基础。技术创新的目的既包括发明创造也包括技术革新，只是这两种创新的层次不同。另外，管理创新也变得越来越重要，是当今社会、经济发展的重要组成部分。

有人会把科技创新和技术创新看成是一样的，这样的观点有一定的适用意义，但这两者还是存在一定区别的。首先，科学是一个知识体系，是研究的方法论；技术的含义更偏向科学原理的实践经验。而科技包含了科学和技术，科学是技术的理论基础，是发现；技术是科学的实际应用，是发明。这样分析之后我们可以清楚地知道，科技创新和技术创新二者之间既有联系又有区别。科技创新实质上包含了科学创新和技术创新，因为科技创新指的是运用科学知识和方法来创新进而推动技术的进步,利用技术的进步和新发明来转化成生产力的创新,通过比较我们就可以知道,科技创新的范围要比技术创新大得多。科技创新的科学发现和研究可以极大地促进创新。对企业来说,科技创新和技术创新还是有一定的区别的:企业中的技术创新一般指运用企业的内部力量和资金进行自主创新;科技创新对企业来说则还包括联合企业外部资源及其他企业、其他研发部门的力量。

技术创新的主体主要是企业;而科技创新的主体要更加复杂,包括了企业、高校、科研机构等很多组织。这其中企业、高校和科研机构是科技创新的直接主体;政府、市场和金融机构组成了科技创新的间接主体。因为科技创新具有系统性,科技创新的过程是由政府主导,以企业为主体,市场、科研机构和金融组织等多方面要素共同参与、合力发挥作用的。

第五节 技术创新理论的演化

一、熊彼特技术创新模型

熊彼特曾提出了熊彼特创新模型Ⅰ(以下简称"模型Ⅰ")和熊彼特创新模型Ⅱ(以下简称"模型Ⅱ"),模型Ⅰ首次在他所著的《经济发展理论中》书中提出,模型Ⅱ的首次提出是在《资本主义、社会主义与民主》一书中。在模型Ⅰ中,一些企业家快人一步,在别的企业家还未意识到一些潜在的机会时就先行动作,尽管他们知道有风险,依然进行创新。只要这些先行者获得创新成功,他就会获得这项创新短期可观的垄断利润,市场也会因为垄断而出现结构变化,详细图解见图4-1:

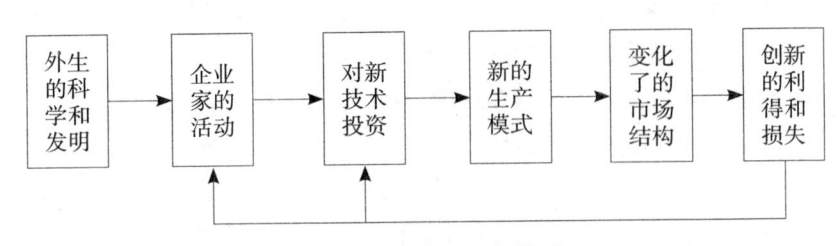

图4-1 熊彼特创新模型

熊彼特在《资本主义、社会主义与民主》一书中,对技术创新模式有了新的阐释,着重强调了创新过程中的新思想:垄断企业的巨大作用、把技术创新这项经济系统的外生变量转化为内生变量。熊彼特认为持续建立研究部门是有充分理由的，因为技术创新能够使企业进入可持续发展的良性循环。该理论称为熊彼特技术创新模型Ⅱ，这项理论主要认为，研发部门是技术创新的发源地，而且技术创新成功后会给企业带来极大的效益，促使企业快速发展，并且获得短时期的垄断利润；而长远来看，后期会出现一定的模仿者，模仿者对创新成功的企业会产生利润分割，打破市场垄断，模型中所论述的技术创新模式的图解见图4-2：

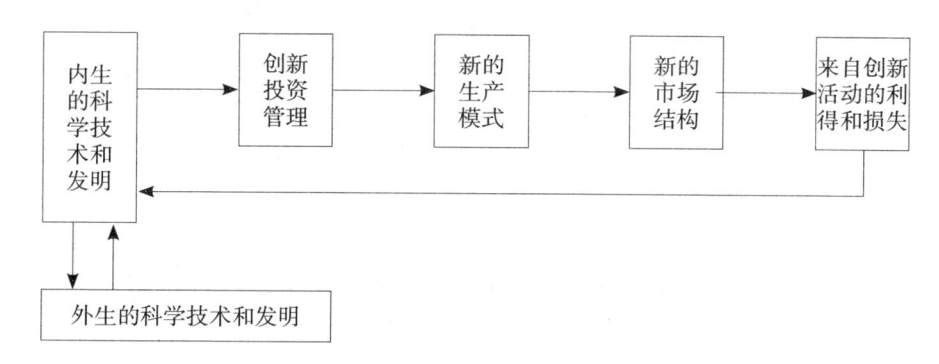

内生的科学技术和发明 → 创新投资管理 → 新的生产模式 → 新的市场结构 → 来自创新活动的利得和损失

外生的科学技术和发明

图 4-2 熊彼特创新模型 Ⅱ

总结下来熊彼特的理论观点大致有以下几点：首先，这个理论中创新主体是企业家，在模型Ⅰ中曾指出，普通的企业家是不敢贸然进行创新活动的，会担心创新的风险，只有意识到了创新能够带来极大的价值才会选择冒险创新，把创新成果应用到实际生产中，这个过程也是验证创新成果经济价值的过程。其次，突发性、非持续性和偶然性是创新的突出特点：只有革命性的创新才能使经济飞速发展。再次，创新是生产过程中的一个内生变量。在创新的影响下，经济发展水平提高、企业也不断壮大，企业为追求更多的经济利益就会产生继续创新的需求，持续自我更新。最后，从经济理论角度出发，经济有着一定的自我均衡调节功能，能够将经济调到新的均衡处，所以创新总是伴随着经济增长。

二、需求拉动模式

美国经济学家施穆克勒（Jacob Schmookler）在他的《发明与经济增长》一书中曾说"决定发明活动的速度与方向的关键因素是市场增长和市场潜力"。这个结论就是市场需求拉动发明模式建立的基础（见图4-3），这个理论认为市场需求是创新活动中的核心要素，是市场需求引发了技术创新：

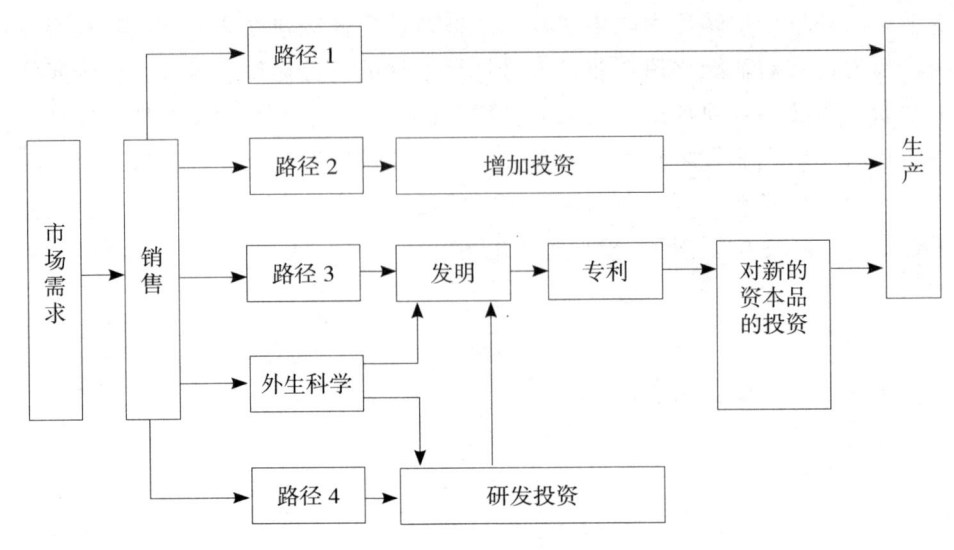

图 4-3 施穆克勒需求拉动发明模式

后来的学者从施穆克勒的理论出发,将其简化为用单一线性模式表示理论模型:技术创新过程的需求拉动模式。这个模型中所论述的技术创新模式的图解见图 4-4:

图 4-4 技术创新过程的需求拉动模式

三、需求拉动与技术推动二元论

但有人认为施穆克勒的线性模型太过粗暴,只是把技术创新简单地归纳为是由上一个环节推向下一个环节的过程,这样的描述很多时候是与实际不符的,于是就有学者建立了技术推动和需求拉动的二元论模型。这个理论认为市场需求是技术创新成功的重要因素。但换一个角度思考,技术创新本身对进一步创新就是一个很大的推动,对以后的技术创新也有至关重要的作用。莫尔（Moore）、罗斯韦尔（R.Rothwell）和罗森博格（Rosenberg）等人认为，这个模型主张逻辑上的相互接洽在创新过程中很重要，但形式上的必然连续占的比重就略显不足。我们可以把技术创新分成许多环节，这些环节相互作用，但它们各自的功能作用又不尽相同。这个模型重点强调市场和技术的有序结合，认为市场和技术的协调作用是技术创新的发源。科技研究可能得到的成果和市场需求相一致，是技术创新产生的必要条件。一项技术在发展过程中，技术的推动作用在早期十分重要；而在成熟阶段，起重要作用的是市场需求。不同的阶段会有不同的要求。需求拉动与技术推动二元论的图解见图4-5：

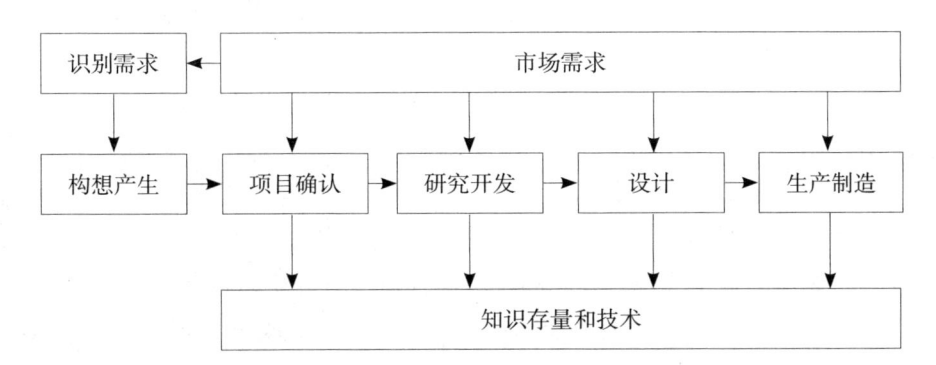

图 4-5　技术创新过程的交互作用模式

四、技术创新系统集成网络模式

道格森发现技术创新的不确定性较高，并且对很多因素的变化较为敏感，他认为技术创新是一个复杂的网络活动。这个系统集成网络模式强调"不同机构系统集成联结网络相互作用的过程"，一改以前的"技术创新过程只是单一个体在创新过程中的职能交叉状态"理论观点。由此我们可以知道，企业间的战略关系是系统集成网络模式最重要的特征，这个系统将专家系统作为辅助，并且利用的是仿真模型而不是实物。使用信息技术后，技术创新极大地提高，并且更灵活、更有效。当然了，企业要想成功地转向第五代过程模式，就必须升级管理模式和组织形式。

技术一直在发展，从未停止，也越来越复杂，影响技术创新的因素也越来越多。系统集成网络模式打开了一个新模式：由概念生成引导实践结果。技术创新系统集成网络模式很好地从侧面反映了人们逐步深化认识技术创新的本质的过程。技术创新系统集成网络模式也与后来出现的"国家创新系统"和"区域技术创新系统"的概念联系紧密而复杂。

第六节 技术创新与经济发展的关系理论

经济学家一直以来都十分重视技术创新对经济发展的重要促进作用。亚当·斯密（1776）作为著名的经济学家就曾经阐述了机器和分工方式能够引发超级创造力。马克思（1848）也认同技术变化对经济发展具有重要作用。木汉姆（Benham）、萨缪尔森（Samulson）等许多著名的经济学家也十分看重技术进步对经济发展的重要推动作用。熊彼特就曾经在他的《经济发展理论》中指出"创新"也包含了技术进步的概念。

技术进步很早以前就被经济学家重视，但定量研究它的作用大小才只有半个世纪的历史。

经济学家丁伯根（J.Tinbergem）在1942年首次把生产函数作为框架，再运用时间序列资料进行科技进步的测定，紧密联系起了科技进步研究和生产函数。丁伯根的观点表示，资本代替劳动和高效率结合资本与劳动共同提高了劳动生产率。所以，整个生产函数随着时间的变动而变动。丁伯根的改进使利用生产函数测算科技进步成为可能。

阿布拉莫维茨（M.A.Abramovitz）（1956）和索洛（R.M.Solow）（1957）通过大量的研究也有一定的发现，劳动者的平均产出增长大大地超出了劳均资本量增长可以接受的数量，索洛发现，劳均资本的增长是不能解释美国在1909—1949年间劳均产出增长90%的。马塞尔（B.F.Massell）、奥克拉斯特（O.Aukrust）、雷德韦（W.B.Reddaway）和斯密等人的研究也证实了索洛的结论。索洛的研究论文发表后，经济学家们在分析经济增长过程时，大多把注意力放在了技术变化的影响上，而不再继续关注资本积累的影响。丹尼森发现，即使考虑资本投入和劳动投入的质量变化、规模经济、部门间资源移动等因素，也仍然不能解释美国在1909—1957年间生产率变化为40%。技术变化是指没有得到注解的增长的劳均产出。事实上，这让人误解的原因是技术变化导致了经济兴衰、增加劳动力教育、回报规模变化和资源分配变化等问题。多马（E.V.Domar）对于以上技术变化的总结更加简单明了，他称它们为"残差"。在索洛的论文发表之后，极力缩小这一"残差"用以研究技术变化，其论文具有开拓性意义，技术进步得以准确地表示出来，而不是一个大杂烩。

Jorgenson 和 G. Grichiches（D.W.Jorgenson 和 Z. Grichiches）对于投入增长对

产出增长的贡献做出了一系列的调整：为了更好地衡量资本投资，资本价格指数被分解；投入库存利用率被纠正；资本和劳动力流动的价格能够更好地衡量资本和劳动力投入。纠正后，他们发现"残留"仅为3.3%。根据研究结果可以了解到，经济增长的技术变化貌似起不到作用，由于输入测量误差而导致的技术变化实际上并不存在。但是，这种解释不能被接受。上述与"物化"和"非物化"技术进步相关的调整旨在减少"剩余差异"的贡献。比如说生产能力利用率的改变与新的生产方法，管理和组织有关。资本和劳动力投入质量的变化与技术进步的内在形式有关，如投资活动和工作实践。另外，由利率和折旧率决定的流量价格变化必须和投资活动以及发明和组织的改进有所联系。所以，他们对投入测量的改进也可以说是对技术进步的改进。因此，即使有约根森和格里西提斯的研究成果，用于衡量技术进步的经济家庭总生产函数也被认为合情合理。技术进步是指科学技术和组织管理方面的改进，技术进步能够提高劳动力和资本的"效率"。可以理解为资本和劳动这两种生产要素任一给定投入量，产品数量比以前增加，就是技术进步的贡献，或者说，生产一定数量产品所需要投入的量比以前减少，也是技术进步的贡献。

由此可见，技术进步，既能使资本——劳动比率（K/L）保持不变，又能使劳均产出（Y/L）不断增加。

为了了解技术进步给经济增长带来的好处，必须把技术进步的因素与经济增长模型相结合。普遍的方法是把总量生产函数改写为

$$Y = F(K, L, t)$$

其中：t是时间变量，用来表示生产函数所对应的技术水平随时间的变化而不断变化，并且使特定的资本和劳动投入量的产出率持续升高。

假设规模报酬为恒定值，则可以将劳均生产函数的形式写为

$$y = f(k, t)$$

其中：$y=Y/L$为劳均产出；$k=K/L$为劳均资本量。

上面两个公式是生产函数与技术进步的一样平常情势。但是把技术进步当作扩大的生产要素是在经济增长理论文献中的一种表达要领。技术进步增加了既定生产要素投入量的产出，这就好比生产要素增长了一样。表示这种扩大生产要素的技术进步的总量生产函数是 $Y=F(A(t)K, B(t)L)$

上式中，产出Y不再是资本存量K和劳动力数量L的简略函数，K和L分别乘以时间函数$A(t)$和$B(t)$，用来表现按效率单位计算包括效资本存量和有效劳动力数量。

一、中性技术进步与非中性技术进步

从技术对收入分配的影响可以看出,技术进步包括中性和非中性(储备或资本)两个部分。希克斯在《人为理论》一书中对技术进步的分类进行了介绍:比较资本—劳动比(AT/L)对新旧劳动生产函数的影响,劳动函数增长是技术进步导致的。要是资本的边际产出与劳动边际产出的比率(δ)对于给定的资本—劳动比例(如δ)是恒定的,那么这种技术进步就叫作希克斯中立。这种技术进步不会对生产要素在百姓收入中的份额产生影响;假如增长(或减少),那么这种技术进步就是使用劳动力(或资本),但是此种技术进步会使得资本在百姓收入中的份额,即劳动力报酬增加。

包含希克斯中性的牢固比率为 A 的技术进步的总量生产函数可以表示为

$$Y = A(t)F(K, L)$$

其中:效率指数$A(t)$是时间的函数;Y是产出;K和L是资本存量和劳动投入量;$A'(t)$为$A(t)$表示对时间的变革率。

如果认同连续增长的观点,则上式可写成

$$Y = A_0 e^{\lambda} F(K, L)$$

其中:A_0为初始的技术水平,其他变量的含义同上式。本式表现希克斯中性技术进步按牢固的指数增长率(λ)增长。

在对经济增长模型的理论的研究过程中,同样认同哈罗德中性技术进步的假设,这是因为在传统的增长模型中只有哈罗德中性技术进步与稳固增长的要求相匹配。随着经验的证实,同样接纳希克斯中性技术进步的假设,原因是它的生产函数设定比较容易理解。

二、外生技术进步与内生技术进步

一般来说,技术进步在经济增长理论中是额外存在的,表示它与增长模型的其他因素没有关系,且经济学文章记录中有两种范例的外生技术进步。

机器的生产时期不同,在非结构化模型中的生产率却有相似之处。技术进步可革新生产模式和构造,同时提高新旧资本品的产出率。此模型的计量经济学分析相对易得。制造年岁模型可分为三类:油灰泥子。第二种模型是广泛利用的,资本和劳动力可以相互替代。以上这个模型的假设是比较现实的,该模型假设资本在投资,这意味着差异期间生产的机器设备由于生产力差异而不能被认为是同质的。1959年,约翰森和索洛提出了资本生产期间的模型。然而,在这些模型中,资本劳动率就不能再变形了。以上技术进步仍然是外生的，根据生产要素是否具有解释或展现替代性，但它的预计进程非常庞大，油灰黏土和黏土—黏土模型。在实证研究中，新呆板和新配置所蕴含的技术进步有许多。布利斯和巴尔丹进一步发展了这种模式。归天的技术进步仍然是时间的函数。前后可以不断变化，所以不需要任何假设，并且在资本和劳动之间有一个完全的取代。该模型的特点是预计进程相对简略。

预计物质化技术进步的比例时会出现许多问题。例如，在估算泥子油泥子模型中物化技术进步的速度时，必须假定资本产出弹性和资本折旧率的值。要是模型假定技术进步分为物化和非物化两部分，那么它也必须假设非物化技术进步的比例。由于参数假设的不合理的价值，这种方法将导致物化技术的进展速度的不合理估计。

从实证研究中得出的假设不能使物化技术的进步得到确立。例如，M.R.Wickens（1970）估计了美国在1900年至1960年的制造期间的C-D功能，接受了非物化技术进步的假设，而不是实现进展假设。

技术进步的至少一部分是内生的。卡尔认为一些经济变量影响技术进步的速度，他认为技术进步也取决于投资进程。他假定技术进步取决于外生和内生部分，即劳动者的平均资本存量的增长率。K.J.Arrow提出了干中学理论，而不是完全外生的。工人积累生产实践的经验，以提高他们的技术和获得技术进步。

研究者袁佳欣等人指出，索洛的"剩余价值"是用"综合要素生产率增长率"来衡量的，而不是技术进步率，不能用来衡量科技进步快慢。张世英教授进一步指出了衡量技术进步的两种要领，即"指标体系法和生产函数法"，它们的优点是不可替代的，各有其不足之处。指标体系不能全面衡量技术进步，现在还没有完善的统计指标，因此有其局限性。生产函数法在理论上较为完善。然而，对于企业来说，生产函数的经济机制的利用（生产要素之间的最佳和谐和产出是当时技术水平所能达到的最大产出）是广泛的。

不能对企业技术的诊断起到肯定的作用。无论是生产函数还是指标体系都用来评价生产体系的技术进步，不能到达逾越谋略的目的。由于缺乏对种种技术要素在生产进程中的作用的深入分析和评价。因此，很难为企业技术决定筹划的制定和相应的技术步伐提供具体的引导。为此，联合国经济社会委员会保举了一种评价要领——TIOO技术评价要领。

区域技术创新与经济增长的干系也在外国积累了大量的研究结果。柯布—道格拉斯生产函数引入了技术进步自变量，但无法表明其意义。哈罗德–多马模型假定技术水平连接稳固，技术进步被认为是经济增长的外界因素。以后，新的经济增长理论在技术进步内化方面取得了突破，并提出在技术进步条件下，可以躲避资本边际收益递减的规律，连接经济增长的可连续性。

有大量的文献对于技术创新在经济生长中的作用也有实证研究。在《美国经济增长趋势（1929—1982）》一文中，据丹尼森测算，在1950—1969年，在主要发达国家，只有知识进步（包括基础广泛的技术进步）对经济增长贡献约30%。1953—1957年间日本为92.4%。丹尼森还分析了1929—1982年间美国经济增长的因素。他发现，在人均国民收入增长中，资本增长起了小部分作用。在不同的时期（见表4-1），美国人在国民收入中的生产率增长（可以认为与技术进步相当）的比例一直很高。

表4-1 美国1929—1982年人均国民收入增长的因素分析

单位：%

项目	时期			
	1929—1948	1948—1973	1973—1982	1929—1982
人均国民收入	1.24	2.26	0.23	1.55
总要素投入	0.23	0.61	0.15	0.38
综合要素生产率	1.01	1.65	0.08	1.17
要素投入贡献度	18.55	26.99	65.22	24.51
生产率贡献度	81.45	73.01	34.78	75.48

1957年，索洛推断1909—1949年美国制造业技术创新产出占87.5%。虽然在索洛模型中，技术创新仍被视为一个给定的外生变量，但索洛是"破坏资本积累作为经济增长中最主要的因素"的理论先入为主。以美国为例（见表4-2），在工业化初期，生产要素投入对国民生产净值增长的影响占主导地位。随着经济增长要领的渐渐变化，科学技术和高效资本投入的因素在经济中使美国经济增长的作用得到加强，技术进步（反映在生产力）的影响也得到加强。

表 4-2　美国经济增长的因素单位：%

1840—1900		1900—1960		1980—1993	
总要素投入	82.7	总要素投入	55.9	总要素投入	42.6
其中：劳动力	47.2	其中：劳动力	34.8	其中：劳动力	33.3
土地	9.6	土地	2.5	土地	0
资本	25.9	资本	18.6	资本	9.3
生产率	17.3	生产率	44.1	生产率	57.4

关于技术进步对区域经济增长作用的研究，杨来平、程大建对深圳经济增长的技术进步测度与分析（1980—2001年）认为，深圳经济增长的技术进步已成为主要动力，深圳都市高新技术产业的迅猛生长是技术进步发挥作用的主要因素。胡国良、张力对新疆经济增长因素进行了实践分析，认为新疆经济增长为资金驱动型，但技术进步也成为新疆经济增长的重要因素。王宏、王军、钟卫青对阜新市经济增长的定量分析认为，阜新市的经济增长主要靠资本和劳动力输出，技术进步的贡献率非常低。

第五章 区域技术创新对经济增长的贡献分析

要研究经济增长理论体系中宏观经济变量的长久动态趋势，首先应确定的是哪些因素对经济增长有促进作用，然后再去分析这些因素对经济增长的作用机制和程度。事实上，确定经济增长的贡献在于确定经济增长模型中的主要变量以及这些变量之间的干系。本章将把区域技术创新作为经济增长的主要变量探讨及其对经济增长的贡献。

第一节 基于技术创新的经济增长理论概论

一、技术创新作为经济增长贡献因素的理论发展历程

促进经济增长的因素为经济增长的"源头"。这意味着经济增长被明确为共同创造来自差异源头的贡献的结果。衡量这种贡献幅度的要领是"增长核算"法，最初由 Abramovitz 和 Solow 提出，后来由 Denison（1967）等人提出。增长核算要领从测量要素的积累开始，要素的市场代价可以反映边际产品代价的假设。产出的增长归因于差异投入要素的贡献。产出增长中不能归因于任何种类要素投入增长的部分被称为"个人投资"，是对技术发展的贡献。

要是从经济思想史的角度来看，并判定经济增长因素对经济增长的贡献，则需要计算出识别速度。换言之，要了解促进生长的因素，首先要定量地了解促进早期生长的原因。事实上，人们在探索经济增长因素的过程中经历了漫长的历史，从古代学者的思想可以得出今天的经济理论。从劳动和资本的数量出发，强调技术进步和劳动质量，强调物质资本对人力资本开发利用的资源配置效率，强调增加劳动力资源的重要意义。

毋庸置疑，技术创新因素的地位在现代国家经济发展体系中显得尤为重要，

已成为当代国家经济生长的首要决定性因素。本章将从经济增长的作用因素的角度对种种增长理论中技术创新因素的现状和演化举行总结和分析。为此，我们将首先观察世界经济思想史上产生在各国的一些主要经济增长理论，并分析从经典经济增长理论生长到新经济的不同过程中的技术创新经典的经济增长理论和新的经济增长理论。不同的立场，本文会具体研讨构建内生经济增长理论的思路与要领。

在差别的历史时期，经济处于差别的生长阶段。经济增长因素与技术创新对经济增长的贡献也存在差异。比如，一些经济学家偏向于关注非技术因素，忽视技术创新的重要性，而另一些关注技术因素。综上所述，从技术创新的角度看，经济增长理论可以分为两类：没有技术创新贡献因素的经济增长理论和技术创新贡献因素的经济增长理论。

增长理论已逐渐将技术因素纳入增长源的范畴。经济思想发展初期，由于历史条件和技术发展的限制，早期的经济学家强调了实物资本和劳动投入对经济增长的决定性作用。增长理论一样平常不重视技术创新的作用，由此便出现了越来越多的包罗技术创新因素的经济增长理论。随着科技的发展与人类的不断实践，技术也成为经济增长的因素之一，因此越来越多的经济增长理论将技术创新纳入体系当中，这些理论被称作"以技术创新为贡献因素的经济增长理论"。

就技术创新作为促进经济增长理论发展进程的因素而言，它本身也经历了从外生技术向内生技术逐步改进的过程。Solo 模型开创了人类研究增长的分析布局，将增长核算要领转化为强大的实证研究东西。它深刻地展现出，就其对增长的贡献而言，除了资本和劳动力投入之外，还有另一个因素，即技术因素对经济增长做出了庞大贡献。但是，Solo 模型没有表明技术因素的源头。在 Solo 模型中，技术总是作为一个外生变量。直到 20 世纪 80 年代中期，技术国际化取得了突破，关于经济增长的理论研究也取得了新的进展。Roemer（1986）和 Lucas（1988）首先开展了这一领域的开拓性工作。默认情况下，通过学习来提高技术水平可能是持续经济增长的来源。他根据艾睿的想法检查了内生技术对经济增长的影响；卢卡斯创建了人力资本溢出效应模型。人力资本的内部和外部影响对于明白经济增长很重要。内生增长理论所倡导的罗默、卢卡斯和其他人认为，通过各种形式，技术或知识作为一个独立的内生变量被包含在理论分析中。在经济增长理论的发展过程中，从经济增长理论的角度来看，我们会发现经济增长因素对经济增长的理解总体上已经从不承认逐步理解到一般理解转为关注演化。

二、无技术创新贡献因素的经济增长理论

古典经济学诞生之前，人们开始探索有关经济增长问题。重商主义者认为，经济发展的本质是商业产业的积累。

为了增长产业，我们必须增长出口在外贸中的份额，并依托商业顺差来连续增长贵国的贵金属库存。物理学家认为，只有农业是生产，只有农业的发达生长才会增长社会产业值。重商主义和农民主义者没有了解到技术创新对经济增长的重要性。古典经济学家大卫李嘉图（1821）和马尔萨斯等人提出了生长理论。一般认为，土地、资本和劳动力是对经济增长的贡献，根本上不必考虑技术因素。因此，通常而言，古典经济学及其以往的经济增长理论根本上都是对技术创新没有贡献的经济增长理论。

英国经济学家哈罗德（Harrod，在里卡多之后的一百多年里，1939）和美国经济学家多梅尔（Domer，直到1928年弗兰克拉姆齐提出了最优消耗者增长理论。拉姆齐之后，它是一种对技术创新没有贡献的经济增长理论，1946）提出了与经济增长模型雷同的含义，即哈罗德－多马模型（Harold-Thorough）。该模型的理论出发点是凯恩斯主义的需求决定论，它假定经济中没有技术进步因素，主流经济学根本上放弃了对经济增长问题的研究。

（一）哈罗德－多马模型基本假设

（1）只生产一种产品；

（2）固定技术系数，资本与劳动的替代弹性不变；

（3）没有技术进步并且没有资本存量 K 的折旧；

（4）平均储蓄倾向等于边际储蓄倾向，且边际储蓄倾向保持不变；

（5）一般价格水平不变，即货币收入等于实际收入；

（6）利息率固定；

（7）没有政府干预。

（二）对哈罗德－多马模型的评价

首先，哈罗德－多马模型排除了技术因素对经济增长的贡献。我们必须连续分配一部分国民收入来储备并转化为投资，表明经济增长率取决于储备率，即资本积累率和资本产出率。与储备率成反比。由于资本—产出比率稳固。为了使经济连续增长，资本积累率成为决定经济增长的唯一因素，经济增长率与储备率 s 成正比。哈罗德－多马模型是资本决定论经济增长模型，清除了影响经济增长的技术因素。

然后,"保证增长速度"非常不稳定。一旦实际增长率偏离它,它将离保证的增长轨道越来越远。原因是资本产出比率分为事前和事后环境。资本产出比率中保证增长率是由储备偏向决定的。事后资本产出比率是实际资本产出比率。在考虑储备率的环境下,若后者低于前者,则实际增长率大于保证增长率。制造商认为资本存量增长与产出增长的比率比预期要低,这将刺激进一步的投资增长。当后者大于前者的时候,实际增长率将低于保证增长率。这次应该增加投资,但是,由于资本产出率高出预期水平,生产者将反映投资的淘汰。可以看出,保证增长的轨道两边都有可能出现毛病。在这方面,哈罗德称之为"移动平衡的固有不稳固性"。

最后,哈罗德平衡了劳动力市场,也就是说,充分就业条件下的增长率被称为自然增长率。在某些制度安排下,自然增长率是最优储备率与预期资本产出率之比。只有确保增长率与天然增长率和实际增长率相称,才能实现经济平衡增长。然而,由于模型假设的刚性,储备率和资本产出比率是牢固的。除非在特别环境下,充实就业的均衡增长难以自动实现。纵然经济增长处于稳固平衡的状态,一旦出现轻微变革,这个国家将难以维持,导致"刀片式增长"。

三、技术创新作为贡献因素的经济增长理论考察

经济增长理论是技术创新的积极因素,已经从外生技术增长理论向内生技术增长理论演变。相应地,增长理论已经由新古典增长理论生长过渡到内生增长理论。

(一)新古典增长理论

新古典增长理论通常是指由索洛(Solow,1956)和斯旺(Swan,1956)创造的增长理论对Cass和Koopmans的新古典增长理论做出了贡献。新古典增长理论将劳动力、资本和技术作为经济增长的贡献者。索洛模型被看作新古典增长理论的经典模型。索洛模型表明,人均收入的不停增长肯定与技术进步有关。然而,以索洛模型为代表的新古典模型将技术进步看作一个外生变量,并不能精确表明技术对经济增长的促进作用。

(二)内生增长理论

自20世纪80年代以来,以内生增长理论为指导,以罗默、格罗斯曼和赫尔普曼、阿吉翁和霍伊特为代表的内生增长理论(Endogenous Growth Theory)主要讨论技术知识的内化以及怎样在模型中体现技术知识。认为长久经济增长的动力是在于内生技术知识或人力资本存量的积累。

内生增长理论通常基于三个研究思路。第一个见解承继了阿罗（Arrow, 1962）的模型头脑，假设技术进步和有形资本的投资有联系，即生产中的资本积累代表当时的技术水平，直接推动技术进步。重要代表是 Roemer（1986）、Barrow（1991）。这种类型的模型被称为知识积累的 4 英尺模型。第二个想法基于 Uzawa（1965）模型，该模型引进人力资本，并认为技术进步取决于资源在非生产性研发部分的投资。主要代表是卢卡斯（1988 年）和罗默（1990）、Jones（1995）等，这种范例的模型被称为人力资本模型。以杨小凯和博兰德 1991 年出版的"经济增长微观经济机制"为代表的第三个模型来看，研究了专业化和分工演变的经济增长。这个模型称为分工研究模型。

（1）罗默（1986）的知识积累模型，该模型：

第一，当资本的社会报酬不变时，贴现率或经济规模等经济特征会影响长久经济增长。

第二，由于个人和个体企业在优化 c 和 K 时不能内化个体资本积累对知识 J 的影响，因此均衡增长率 $g=\dfrac{aA-\rho}{\varepsilon}$ 将低于社会最优增长率。

第三，尽管与经济增长是有关系的，但完全取决于知识的日常积累。在技术进步进程中引入技术创新的酬金将使问题进一步增大，因为它可以让我们从完全竞争的天下变化为拥有大型企业的天下。

第四，当技术沿着 AK 行进时，边际产出是一个定值，也就是不管资本存量多大，都不会出现动态低效征象。

罗默（1986）模型可以称为内生增长理论的基准的关键原因是，它证明了经济可以持续增加，条件是有一个增量回报的因素，并且有一个稳固的增长路径。

（2）卢卡斯（1988）人力资本模型。卢卡斯（1988）在 Schultz 和 Becker 的模型中加入了人力资本，并表示根据人力资本的外部效应。作为内生增长模型的核心。卢卡斯模型中的人力资本投资，特别是人力资本的外部效应，令生产的回报增长。正是这种人力资本外部效应的增长收入，使得人力资本被称为增长的引擎。

第二节 技术创新对经济增长贡献的测算方法及模型

经济增长理论从无技术创新阶段演变为技术内化阶段，表明经济学变得更加珍视技术创新对经济增长的贡献。但是，人们很难衡量技术创新对经济增长的贡献。实际上,要分解技术创新对经济增长的贡献份额并不容易。一是科学技术深入到了经济活动的各个方面;二是科技与其他生产要素相结合,只能起到促进作用。因此,技术创新对经济增长的贡献无法准确分离和衡量。本节首先总结了衡量技术创新对经济思想史上出现的经济增长贡献的要领和模型,然后介绍了当前的主要揣测要领和模型。

一、测算方法与模型的历史演进

经济思想史上,众多学者都曾在测算技术创新对经济增长的贡献方面进行过艰苦的研究工作,他们的研究为后来者奠定了坚实的基础。

20世纪20年代开始以定量的形式研究技术创新促进了经济的增长。1928年,芝加哥大学数学家科布(C.W. Cobb)和经济学家道格拉斯(P.H. Douglas)在总经济学中提出了著名的柯布—道格拉斯生产函数(C-D函数)来描述定量输出和输入。在分析了美国1899年至1922年制造业的历史数据后,他们指出,生产投资的主要内容是劳动力和资本,其他生产要素对产出的贡献可以忽略不计。

1942年,荷兰经济学家I.Tingbergen撰写了一篇文章,揭示了资本和劳动投入的成果增长了时间趋势,用来表现"效率"的水平,这意味着C-D生产函数中存在技术。进展的影响因素为使用生产函数模型进行计量估算铺平了道路。

1957年,索洛提出了索洛增长会计模型,将劳动、资本和技术对经济增长的贡献定量区分开来。模型中的其他增长率不能被具体因素考虑,这被认为是技术进步。严格来说,索洛的增长算法必须满足以下条件:只有资本和劳动力是两个生产要素,它们可以相互替代,并且可以按不同比例组合;经济体系处于完全竞争状态,生产要素和劳动力的资本边际产出减少;在任何时候都充分利用资本和劳动力;技术进步是希克斯中性。另外,在实际应用中,还有必要进一步假设规模回报保持不变。虽然索洛增长会计模型对技术进步的贡献大致估计了一点,但它仍然过于笼统,对技术进步的影响被高估了。索洛的技术进步不但包罗通常意义上的新产品、新工艺和新技术应用的技术进步,还包罗除资本和劳动投入增长以外的全部因素,如范围经济和构造决定筹划,本领的提拔,培养高素质劳动力,等等。因此,这种技术进步的应用十分广泛。

1974年D.Denison提出了一种增长因素分析方法,它将影响经济增长的因素分为总投入和生产要素投入两类,并对投入要素尤其是劳动投入进行了更为详细的分类。他根据就业、工作时间、年龄、性别和教育水平分工。资本分为住宅和住宅用地、非住宅建筑和设备、非住宅用地和库存,最终估计不同因素对经济增长的贡献。索洛的"剩余价值"大大降低。丹尼森利用美国国民收入的历史统计数据，通过细分投入因素和细分因素增长率的加权总和来衡量不同投入要素对经济增长的贡献。他相信知识的发展解释了这项技术进步贡献了约 2/3 的经济增长。丹尼森的增长因素分析方法将影响经济增长的因素细分为更多细节，因此在分析技术创新的贡献（即丹尼森的知识提升）时更准确，但很难定义因素本身，导致该方法的应用有限。

美国经济学家西蒙·史密斯·库兹涅茨（Simon Smith Kuznets）是从定量和结构角度研究经济增长的先驱之一。他在一系列有关经济增长的书中曾经提出的经济增长因素主要是知识存量、劳动生产率和布局变革的增长。首先是知识型股票的增加。库兹涅茨认为，随着社会的生长和进步，人类社会敏捷地增长了技术知识和社会知识的存量。利用这种股票，现代经济总量和快速发展大幅增长。然而，知识本身并不具有生产力，只能在一些中介因素的影响下转化为生产力。其次，生产率的提高是当代经济增长的特点，即人均产值在高增长率下的特征。最后，结构性变化。库兹涅茨认为，在发达资本主义国家，经济结构发生了迅速变化，结构性因素对经济增长做出了很大贡献。在欠发达国家，结构性变化缓慢，结构性因素对经济的影响相对较小。

在丹尼森的基础上，戴尔·W.乔根森进一步将资本投资的增长分解为量化增长，将劳动投入增长分解为质量增长，并推进劳动增强和资本先进模型从索洛剩余价值的技术进步中剥出。他使用对数生产函数模型来衡量部分和总量的生产力。他的方法的核心是根据输入质量和价格变化来修改输入数据。

20 世纪 80 年代以后，罗默、卢卡斯等人提出了新的经济增长理论，内生化技术创新，探索了知识溢出、研发、人力资本等问题，在过去的经济理论上取得了重大突破。但目前学术界还没有形成了一个比较有影响的以新经济增长理论为基础来衡量技术创新贡献的方法和模型。

自 1960 年左右开始，在索洛启动了测量技术进步贡献率的方法和模型之后，许多学者提出了一系列具有一定严格假设的测量方法和相应的分析模型，如 C-D 生产函数、CES 函数、VES 模型等。功能和超越对数生产功能。这些方法和模型的局限性在于计算值与客观实际值之间的误差无法把握，说明经济增长对技术创新贡献的计算还有待进一步研究。

二、两种主要的测算方法与模型

测算技术创新对经济增长贡献的方法与模型比较多，有增长速度方程法、直接统计科技项目效益法、指标法、具体生产函数法、经济增长因素分析法、系统动力学法、层次分析法、效果计算法、目标规划法、数据包络分析法等。从当前文献来看,多数学者测算我国技术创新对经济增长的贡献时采取的是增长速度方程模型(也叫索洛余值法)和生产函数模型。而就增长速度方程模型而言,目前更多采用的是索洛增长速度方程模型;就具体生产函数模型而言,当前阶段较为流行的是前沿生产函数模型。下面将简要介绍这两种方法与模型。

(一)增长速度方程模型(索洛余值法)

1957年,美国经济学家索洛对裁谈会的生产职能进行了重大改进。他将技术进步列入生产函数的范畴,并且准确地确定了产出增长率,全要素生产率和投入要素(即劳动力)与资本增长率之间的关系,初次从数量上区分了技术进步,索洛的基本分析思想是利用 C-D 生产函数的因子分解方法,将一国(或地区)经济增长中不明原因的份额(即索洛余值)归因于技术进步,许多后来的经济学家基本上是遵循索洛的研究思路来讨论经济增长的因素,索洛法的基本思想如下。

假设一个考虑技术进步因素且技术进步是希克斯中性的 C-D 生产函数:

$$Y_t = A_t K_t^\alpha L_t^\beta$$

式中:K、L 分别为资本和劳动投入量;A 为技术进步水平;Y 为总产出;α 与 β 为资本、劳动对产出的弹性(即相对收入份额)。式两边对时间求导:

$$\frac{dY_t}{Y_t} = \frac{dA_t}{A_t} + \alpha \frac{dK_t}{K_t} + \beta \frac{dL_t}{L_t}$$

上式说明,总产出的增长率等于全要素增长率 $\frac{dA_t}{A_t}$,再加上两种要素 k、L 投入的增长率的加权平均。此处,权数为相应要素的产出弹性或收入份额。对上式移项后得:

$$\frac{dA_t}{A_t} = \frac{dY_t}{Y_t} - \alpha \frac{dK_t}{K_t} - \beta \frac{dL_t}{L_t}$$

令 $\varphi = \frac{dA_t}{A_t}, y = \frac{dY_t}{Y_t}, l = \frac{dL_t}{L_t}$,则上式可以改写为:

$$\varphi = y - \alpha k - \beta l$$

由于劳动力增长、资本增长以及它们各自的弹性已知或可测性,它们对经济增长的贡献率 $\varphi = \frac{dY_t}{Y_t}$。这样,技术进步对经济增长的贡献率就可以计算出来。

$\varphi = \dfrac{\mathrm{d}Y_t}{Y_t}$ 通常被称为索洛余值（SolowResidual），也称为全要素生产率（Total Factor Productivity, TFP）增长率，它介绍了包括技术创新因素于其中的技术进步导致的经济增长效应，是技术进步对于经济增长贡献的表现。

通常认为，技术进步是由技术创新或者技术追赶导致的。另外，技术创新仍然无法覆盖一些外生技术进步。包括技术创新因素在内的技术进步对经济增长的贡献是索洛剩余代价法对技术进步及经济增长的贡献率，但也有一些不属于技术创新的因素也有利于经济增长贡献。因此，由索洛增长率方程模型提出的技术创新大概比实际贡献率对经济增长的贡献更大。

（二）前沿生产函数模型

边界生产函数由已知的输入—输出观察定义输入和输出的大概组合的外部边界可知，来令输入—输出观察在其边界之上或之下并且尽力靠近它们。预计的前沿生产函数有参数和非参数方法。前者的前沿生产函数预计是确定性的和随机的。Aigne 和 Chu 于 1986 年提出了利用线性筹划要领预计确定性前沿生产函数的要领．Aigner 等人一起研究了随机前沿生产的函数。1997 年艾格勒（Aigner）等人又系统研究了随机性前沿生产函数。

确定性前沿生产函数模型的思想是将理想产出水平与实际产出水平之间的差异视为低效率，而不考虑随机误差分量对低效率因素的影响。如果我们将随机误差分类为测量中的低效率，我们会忽略随机误差的结果，因此无效值与实际测量的实际值之间存在差异。

1.确定前沿生产函数法

确定性前沿生产函数基本模型为

$$Y = f(x)\mathrm{e}^{-u} \ (u \geq 0)$$

$$\min \sum_{j=1}^{m}\left(\alpha_0 + \sum_{i=1}^{n}\alpha_i \ln X_{ij} - \ln Y_j\right)$$

$$\text{s.t.} \quad \alpha_0 + \sum_{i=1}^{n}\alpha_i \ln X_{ij} - \ln Y_j \geq 0, j = 1, 2, \cdots, m$$

式中：X_i（$i=1,2,\cdots,n$）为第 i 种投入要素；m 为样本点个数；Y_j 为产出量。

解上述线性规划问题，求得最优解就可得到前沿生产函数参数的估计值，从而得到前沿生产函数为

第五章 区域技术创新对经济增长的贡献分析

$$f(X) = A\prod_{j=1}^{m} x_i^{a_i}$$

下面来看采用前沿生产函数测算技术创新对经济增长贡献的过程。

设 $X(t)$ 为投入，$Y(t)$ 为产出，则实际生产函数为

$$Y(t) = f[(x), t]$$

函数满足二阶连续可导、单调递增、凹凸性、一阶齐次性（规模报酬不变）等条件，$\bar{Y}(t)$ 代表前沿生产水平，即观察期内技术效率最佳时所能达到的生产水平，则有

$$\bar{Y}(t) = f[(x), \bar{t}]$$

其中 $\bar{t}$ 代表 t 年具有最佳生产效率。根据前沿的定义，有不等式：

$$Y(t) \leq \bar{Y}(t)$$

定义实际生产水平与前沿生产水平之比为技术效率：

$$E(t) = \frac{Y(t)}{\bar{Y}(t)}$$

将式 $Y(t) = f[(x), t]$ 两端取对数并对时间 t 求导数，得

$$\frac{d\ln Y(t)}{dt} = \frac{\partial \ln f}{\partial t} + \sum_{i=1}^{n} \frac{\partial \ln f}{\partial \ln x_i} \frac{d\ln x_i}{dt}$$

全要素生产率为：

$$\frac{\partial \ln f}{\partial t} = \frac{d\ln Y(t)}{dt} - \sum_{i=1}^{n} \frac{\partial \ln f}{\partial \ln x_i} \frac{d\ln x_i}{dt}$$

将 $E(t) = \dfrac{Y(t)}{\bar{Y}(t)}$ 两端取对数并对时间 t 求导数，得

$$\frac{d\ln Y(t)}{dt} = \frac{d\ln E}{dt} + \frac{d\ln \bar{Y}}{dt} = \frac{d\ln E}{dt} + \frac{\partial \ln \bar{f}}{\partial t} + \sum_{i=1}^{n} \frac{\partial \ln \bar{f}}{\partial \ln x_i} \frac{d\ln x_i}{dt}$$

代入 $\dfrac{\partial \ln f}{\partial t} = \dfrac{d\ln Y(t)}{dt} - \sum_{i=1}^{n} \dfrac{\partial \ln f}{\partial \ln x_i} \dfrac{d\ln x_i}{dt}$ 得

$$\frac{\partial \ln Y(t)}{\partial t} = \frac{\partial \ln \bar{f}}{\partial t} + \frac{d\ln E}{dt} = \sum_{i=1}^{n} \left(\frac{\partial \ln \bar{f}}{\partial \ln x_i} - \frac{\partial \ln f}{\partial \ln x_i} \right) \frac{d\ln x_i}{dt}$$

上式总共三项：其一和其二主要是关于生产和技术的高端前沿和效率进步，最后一项是生产率变化，它由高端前沿的生产要素减去实际的生产要素的差得出。

技术进步和技术效率的综合也等同于狭义的技术上的进步，它通常是由劳动力素质提高（包括知识和技能）和前沿技术的应用带来了更优秀的生产率而得出的。这可以理解为技术创新。利用确定性前沿生产函数模型，可测算我国各区域技术创新对经济增长的贡献。

2.随机前沿生产函数法

根据库哈卡尔和拉乌尔（S.C.Kumhhakar & C.A.K.Lovell,2000）的总结，研究学者一致认为米尔森和布克（Meeusen&Broeck,1977）、艾格勒、拉乌尔和舒密特（Aigner,Lovell&Schmidt,1977）与巴特斯和库冉（Battese&Corra,1977）这三篇论文是标志着随机前沿分析方法（StochasticFrontierAnalysis,SFA）诞生的开创性文献。在已有的文献里，随机前沿方法的模型已经开始被加以运用，它具有增加自由度和使时间的改变促进技术和效率的办法。比当时具有的普通的横截面面积法在应用上更胜一筹。而随机前沿方法它包括运用函数形式和生产关系，在考虑了随机误差的情况下处理成本利润和产出投入和环境变量的关系。巴特斯和科里（Battese & Coelli,1992；1995）对它进行了发展归纳，把它确认为使用面板数据理念。

当时运用的模型如下：

$$Y_{it} = \beta X_{it} + (\upsilon_{it} - \mu_{it})$$

$$\mu_{it} = \mu_i \exp\left[-\eta(t-T)\right]$$

$$\gamma = \frac{\sigma^2}{\sigma_u^2 + \sigma_{it}^2}$$

式中：X_{it}是表示第i个厂商在t时期的投入，是一个$k \times 1$的向量。Y_{it}是代表第i个厂商在t时期的产出。β是一个数值未知的待估向量。误差项为复合结构，第一部分σ_{it}服从$\eta(0, \sigma_v^2)$的独立同分布，并且与μ_{it}相互独立，它表示由决策单元（Decision Making Units, DMU）发生统计和政策制度方面上的非正常因素带来的损失；第二部分μ_{it}服从非对称分布，是表示DMU（决策单元）关于人力、构成、资源等的分配或者不合理的可预测损失，是关于表示效率的随机变量。$\mu_{it} \geq 0$，以此来表示那些仅仅对某个个体所具有的冲击。

随机前沿生产函数法有利有弊。优点在于它具有的随机误差性，对工程中发生的各种外界干扰包括在测量上的和噪声上的等等误差均有涵盖。缺点在于采取信息方法费力容易产生误差，要采用生产函数的形式对大规模的样本进行采纳支持。

第三节　我国区域技术创新对经济增长的贡献

一、关于我国区域技术创新对经济增长贡献的文献回顾

改革开放以来，我国实行了计划和市场结合的市场经济制度，经济发展一片向好。很多学者对此表现出极大的兴趣，对我们高速发展经济的原因进行探究。其中早期学者们大多采用索洛增长和核算方法，主要研究技术方面的进步对经济发展的动力。但是这些研究都没有在技术创新对经济增长的贡献方面进行深入分析和分解。另外，翟群臻、范柏乃、江蕾、罗佳明分别运用不同的方法分析，其中翟群臻选取三个不同的变量，运用线性回归模型分析R&D经费、R&D经费/GDP比重和GDP之间的关系。其余三人通过研究技术创新和经济增长来对比和探讨它们之间的关系。

随着研究的深入，在区域性进行研究无论在人数还是水平上都有所提高。首先，郑杰中和丰明等人实证探讨了不同省市的经济发展，研究它与技术上进步关联性的强弱。再有李红松和田益祥通过检验得出的东部地区比西部地区更会利用技术进步来创造经济利润的结论采用了国外的柯布—道格拉斯函数的方式应用。

近年来，区域性的研究在技术手段上得到了突破，基于面板数据的前沿技术分析（frontier productivity analysis）足够成熟来掌握和分析创新对经济贡献的重要工具，随机前沿分析法（SFA）和数据包络分析法（DEA）被更多人认同，前者代表性成果有吴利学、王志刚、傅晓霞等；后者主要有胡鞍钢、王兵、颜鹏飞、郑京海、刘朝明、岳书敬、李静、郭庆旺、孟令杰等。表5-1主要是近年来测算我国技术创新对经济增长贡献的代表性研究。

表5-1　我国技术创新的经济增长贡献效应研究结果

方法	研究成果	模型	样本区间	投入指标		平均增长率（%）		
				资本	劳动力	TEP	TECH	EFF
SRA	Chow and Lin（2002）	CD	1978–1998	资本存量	从业人员	2.68		

续 表

方法	研究成果	模型	样本区间	投入指标 资本	投入指标 劳动力	平均增长率(%) TEP	平均增长率(%) TECH	平均增长率(%) EFF
SRA	李京文,钟学义(1998)	GA	1978—1995	资本存量	从业人员	3.62		
SRA	Wang and Yao(2003)	GA	1978—1999	资本存量	有效劳动力	2.32		
SRA	Young(2003)	GA	1978—1998	资本存量	有效劳动力	1.40		
DEA	郑京海、胡鞍钢(2004)	O-M	1978—2001	资本存量	从业人员	3.14	3.21	-0.06
DEA	颜鹏飞、王兵(2004)	I-M	1978—2001	资本存量	从业人员	0.25	-0.84	1.2
DEA	孟令杰、李静(2004)	O-M	1978—1998	资本存量	从业人员	0.40	-1.73	2.23
DEA	郭庆旺等(2005)	O-M	1979—2003	资本存量	从业人员	0.25	0.37	0.12
DEA	岳书敬、刘朝阳(2006)	O-M	1996—2003	资本存量	有效劳动力	1.35	1.22	0.16
SFA	Wu(2003)	TL,BC92	1982—1997	资本存量	从业人员	1.41	1.28	0.13
SFA	王志刚等(2006)	TL,BC95	1978—2003	资本存量	从业人员	4.16	0.77	
SFA	傅晓霞、吴利学(2006)	CD,BC95	1978—2004	资本存量	从业人员	3.63	0.59	3.04

资料来源：傅晓霞,吴利学.前沿分析方法在中国经济增长核算中的适用性[J].世界经济,2007(7): 56—66.

说明：①其中SFA（随机前沿分析）、DFA（数据包络分析）和SRA（索洛余值核算方法）；TFP（全要素生产率）、TECH（前沿技术）和EFF（技术效率）；C-D（柯布-道格拉斯生产函数）、TL（超越对数生产函数）和GA（增长核算模型）；O-M（产出导向）、I-M（投入导向的Malnquist指数）；BC92（Battese）、BC95（Coelli（1992、1995）提出的两个随机前沿模型）。②Young的结果（农业部门除外）。

二、我国区域技术创新对经济增长贡献的测算结果

随着科学技术的飞速发展，技术创新对经济增长贡献作用越来越大，并日益成为各国、各区域关注的热点问题。在此情况下，测算各国、各区域的技术创新对经济增长的贡献大小就成为人们关注的重点。

（一）我国技术创新对经济增长贡献

邓翔、李建平（2004）对全国及东中西部区域的技术创新经济增长贡献效应进行测算，发现在 1978-2003 年间，按照全要素生产率计算的全国技术创新对经济增长平均贡献率为 39.67%（见表 5-2）。

表 5-2　1978-2003 年间我国技术创新的经济增长贡献率

（单位：%）

区域	GDP增幅	实物资本	份额	劳动力	人力资本	有效劳动投入	份额	全要素投入	份额	TFP	份额
全国	9.87	10.75	42.50	2.00	1.97	2.93	17.83	6.06	60.33	3.81	39.67

资料来源：邓翔，李建平.中国地区经济增长的动力分析[J].管理世界，2004（11）：68-76.

陈琳（2008）采用索洛余值法就我国技术创新对经济增长贡献份额进行了测算，结果显示，在 1978-2004 年间我国全要素增长率为 3.1%，对经济增长贡献率为 32.1%。其中，1978-1990 年间，全要素增长率为 2.7%，对经济增长贡献率为 29.2%；1991-2004 年间全要素增长率为 3.5%，对经济增长贡献率为 34.6%。

韩莹运用索洛余值法对改革开放以来我国技术创新的经济增长贡献率进行测算。结果表明，在改革开放至 2006 年间，经济都有不同的增长速度，年平均速度 9.69%，要素投入的经济增长 60.57%，（包括资本 48.81%、劳动 11.75%）因此技术创新对经济增长的贡献率为 39.44%。

在以上测算结果中，显示我国改革开放以来我国技术创新对经济增长贡献率最大的是邓翔和李建平的测算，为 39.67%；其次是韩莹，为 39.44%；最后是陈琳，为 32.1%。因此可以认为，自改革开放以来到 2004 年间，全国技术创新对经济增长的贡献率大致在 30%～40% 的区间内。

(二)东、中、西部区域技术创新的经济增长贡献

叶裕民(2002)的研究结果显示,在1979-1998年间,我国东部区域技术创新的经济增长贡献率为41.7%,中部为43.2%,西部为49.7%。其中,在1978-1988年间,我国东部区域技术创新对经济增长的贡献率为37.6%,中部为37.0%,西部为49.4%;在1989-1998年间,东部区域技术创新对经济增长的贡献率为46.5%,中部为47.8%,西部为49.4%(见表5-3)。由此可见,近现代化的迈进促使对经济增长中的区域技术创新的贡献比重也同步增加。其中东部、中部的贡献增长趋势最明显,而西部则不明显。

表5-3 1978-1998年间我国区域技术创新对经济增长的贡献

单位:%

区域	1979-1988年	1989-1998年	1979-1998年
东部	37.6	46.5	41.7
中部	37.0	47.8	43.2
西部	49.4	49.4	49.7

但是,叶裕民的研究结果也发现了一个看似矛盾的地方,那就是经济增长速度与区域技术创新的经济增长贡献率之间似乎存在某种矛盾,表现为东部区域经济增长速度快,但是其技术创新的经济增长贡献率却小于西部和中部区域。叶裕民将这种现象称为"高增长与低TFP的悖论",认为这违背了论证的经济发展中与科技同方向发展的准则。同样出现类似结果的还有邓翔和李建平的分析(见表5-4)。

表5-4 1978-2003年间东中西部区域技术创新对经济增长贡献

单位:%

区域	GDP增幅	实物资本	份额	劳动力	人力资本	有效劳动投入	份额	全要素投入	份额	TFP	份额
东部	10.99	12.96	44.91	1.69	1.98	3.67	20.16	7.39	65.10	3.60	34.90
中部	9.65	9.99	41.54	1.94	1.99	2.46	15.25	5.47	56.79	4.18	43.21
西部	8.92	9.14	40.85	2.36	1.95	2.58	17.53	5.20	58.38	3.72	41.62

资料来源:邓翔,李建平.中国地区经济增长的动力分析[J].管理世界,2004(11):68-76.

李建平、邓翔（2004）研究发现，在1978-2003年间我国几个高速增长的东南沿海区域，其全要素投入增长率也最高，其中包括福建（9.18%）、浙江（8.90%）、广东（8.06%）。总体而言，西部区域要素投入增长较为缓慢（平均6.24%），经济增长也较慢（平均8.92%），这些区域包括甘肃、青海、宁夏、内蒙古和四川等低增长区域；中部区域介于东、西区域两者之间。从全要素生产率（TFP）增长来看，各区域仍呈现出较为显著的地域性特征：在东部地带，平均TFP增长率为3.60%，其中，福建（5.30%）、广东（5.59%）和浙江（4.72%）的TFP增长率十分突出；中部省份次之，平均值为3.30%；西部区域居后，为2.68%。按照全要素生产率计算的东中西部区域技术创新的经济增长平均贡献率分别为34.9%、43.21%和41.62%。可见，邓翔、李建平的结果与叶裕民的结果都出现了"高增长与低TFP的悖论"。

之所以出现这种"高增长与低TFP的悖论"现象，可能与改革开放以来相关的推崇技术与资本的结合发展来促进经济有关。1978年以后我国东部区域通过国家政策推动的投资以及吸引外资的投资远远高于中西部区域，从而带来东部区域经济的快速提高。比如说，发达地区经济普遍增长得快，带动了当地的报酬率和投资率，造成了高的固定资本存量。反之亦然，落后地区经济发现得较慢，达不到带动作用，只能完成少量的报酬和投资率，没有高的固定资本存量。由这些表面的事件可以得出以下结论：对经济增长贡献大的往往由高资本报酬和高固定资本存量决定。

对经济贡献的技术与资本份额而言，东部区域技术创新对经济增长的贡献份额会由于其较大的资本贡献份额而低于中西部区域。换句话说，其实不是东部区域技术推动的经济发展的贡献占比重小，只是其他贡献率太高而遮住了技术创新贡献的"光芒"。

第六章　区域创新主体协同研究

第一节　区域创新的功能定位、功能协同及功能耦合

一、区域创新主体功能定位

最初的创新理念只有两个分支。其中一个是以对技术进行变革和推广的标准，另一个是对制度进行变革的标准，很明显针对的是不同的对象。后来管理的重要性逐渐凸显，德鲁克等人将其引入创新的新理念，丰富和发展了熊彼特开创的创新的内涵。随着管理这种新的分支在 21 世纪逐渐应用，它较 20 世纪初产生了更大的影响，获得更多人的认可，覆盖的范围逐渐扩大。但是由于各自的特殊性在实施的三大主体中包括（政府、企业、院所）具有不同的侧重点，笔者在以下举例中会对它们进行进一步的划分：

笔者要对不同的主体进行划分。对政府来说：在市场中，政府作为一只有形的手，起到了宏观调控的作用。同时政府具有对下设各种部分管理职能，因此，要想在政府内实行创新需要做到以制度为主，管理为辅的制度；对企业来说：一个企业要想发展，立于企业之林，创新是亘古不变的话题，同时在发展中，机遇与挑战共存。要想保持始终领先的竞争力，就要创新。这也决定了企业需要重视技术创新，但光有技术是远远不够的，每个好的企业都需要有一个好的管理者，才能带领企业更上一层楼，因此企业必须兼顾技术和制度上的创新，也要做好管理学的创新；对于院所来说：一般指的是研究院、实验地等高端地区，技术自然是核心，无论什么组织，只要它有组织、有纪律，它都需要制度上和管理上的创新。

表6-1 区域创新主体功能定位

主体	政府	企业	院所
核心功能	制度创新	管理创新、技术创新	技术创新
辅助功能	管理创新	制度创新	管理创新、制度创新

1.政府功能定位

（1）政府制度创新

①人才制度创新

想达到区域创新，要知道创新的核心在于人才，所以，政府对创新上的要务变成了如何招揽和留住这些人才。政府作为政策的制定者，就要考虑以下的问题：如何在实现资源的合理配置下，促进人才的流动？1）首先政府要出台留住高端人才的政策，要尽可能全面、地设计出关于人才的流动、引进、竞争与评价的制度。我国已经做了相关努力，包括"千人计划""长江学者"等类似的制度。2）在执行上，成立正规的企业结构，尽可能地资助条件不好的人才，为人才提供好的工作环境氛围。从而营造事业造就人才，环境留住人才。政策鼓励人才，法律保障人才的大好氛围。例如，省级的"楚天学者""芙蓉学者"等。从中央到地方的两级人才引流制度。

②资本制度创新

政府在创新中担负着多重角色，不仅要掌握资金投入的动向，也要对制度进行规划，因为投资的不确定性极大，政府承担风险的同时还需要推动效率的提高。固定可靠的资金确保了创新的顺利进行，政府可以采用以下方式来完善创新的机制：一方面，在资本特性的情况下，如何建立以降低风险为核心的机制，做到使企业参与和政府扶持的互动的有效场面。以此赢得好的效果，不断向国内外学习先进经验来为企业注入新鲜的活力源泉。另一方面，政府具有宏观调控的职能，可以运用行政手段对小微企业进行扶持，比如降低税率等措施，对新兴创业进行资金上的援助，促进企业资金构成多元化，吸引来自金融证券、民间资本、风险来实现融资发展的新平台。为了跟上时代进步的步伐，政府有关部门提出"新三板"，此项政策不是大众的，它针对的是高尖端的上市股份公司，政府对特殊的企业实行特殊的政策是在资本制度创新上的一大体现，为了匹配高尖端公司，而设立一系列包括银行、金融超市等实施是该有的配备。

③ 技术发展制度创新

此项虽然是政府的辅佐制度创新，但是不得不强调政府对企业的调控需要技术上的指导。原因就是体系创建的关键是技术是否进步到可以成为企业的强大竞争力，因此政府也需要对企业奖惩有度，一方面对积极创新的企业进行资金与技术上的支持与鼓励；另一方面也要对需要被淘汰的企业进行法规上的惩罚，例如破产、改组等。例如一些优秀平台：火炬计划，863 和 973、各种层次的重点实验室与研究中心。这也表明了对一个需要创新的大国来说，一个可以共享的平台、一个完备的制度、一个健全的科技系统是极其重要的。

（2）政府管理创新

① 管理组织创新

之所以提到管理创新，因为这是一个不得不提的话题，组织上的创新不仅可以促使组织管理更加简洁高效，而且这才是推进区域经济创新的有效方法。要对现有的管理体制进行革新，必须对部门设置创新，简政放权一直是热点话题，那么，如何做到简政放权，这有一些具体可行的办法：裁减相关职能的部门，细分行政范围，尽可能减少当今社会上出现的办事难的问题，行政主体将手中权力向社会管理、宏观调控、公共服务方面转变，实现权责对等的要求。这有几点具体措施：其一，先成立一个具有代表性的小组，这些领导小组负责对区域进行规划、制定政策。对促进创新的工程进行监督协调，对体系的创建进行指导；其二，定时召开联席会议，解决计划实施规程中遇到的困难；其三，成立专家委员会，专家是一个领域顶尖的代表，不同学者的新方法的碰撞可以为其增添活力，更好地献计献策；其四，成立区域管理委员会，不断地在工程实施中起到监督和推进的作用，解决需要面对的具体情况。

② 管理方式创新

对方式上的创新，也有以下几种具体可行措施：第一，转变思维，从传统的行政管理思想转变到具有服务意识上来，现代社会需要的不是一个全能的政府而是一个"有限的"政府。第二，将更多的机会下放到区域非官方的机构之中，促进政府职能的转移，让社会上的中介组织发挥区域的创新管理模式。第三，让技术融入办公之中，高速发展的网络系统，能在网络上推行更好的政务公开，确保政府提倡的公开与透明，这是一个与时俱进的政府必须要做的，如果它想提高办公行政的效率和水平，就必须利用网络，实现信息化与网络化。

2. 企业功能定位

（1）企业管理创新

在创新浪潮的大环境之中，正确地创新，相较于传统而言，它代表着竞争力和市场认同感，这一切都有利于对经营方式的创新和资源的合理配置。实现企业规模扩大、企业做大做强的目标。管理理念与战略创新是一个企业创新行为的原则与导向，由管理理念的感性与理性知识的构成，他在以人为本、知识管理、经济一体等方面上体现着企业管理的功能；企业组织结构上来说，企业一般通过现代化的扁平组织，从灵活、开放等特点超越过去金字塔形领导结构。这更好地诠释了运行载体所需要的关于权力制衡、界定跨度等需求。但是，这些都是在理论或者制度的想法，在市场的投入获得如何的回报才是检验真理的唯一标准，甚至可以说这也是检验企业的创新能力的一大体现，在现有的市场竞争创新模式中，关于创造市场需求、行业标准、网络营销、全球性的采购方面是企业们相互一较高下的竞技场。

（2）企业技术创新

技术上的创新包括在外观上、实质上、发明创新上的新研发，因此技术进步可以说是区域创新体系的构建组成。一个新产品面向市场的步骤主要有三个，包括对要素、组合、产品方面的创新。在要素上，企业通过在资源、材料、人力资源多方面的创新；在组合方面上，把产品的时间、空间布局处理得更合理，使生产中的工艺与过程结合，促进效率提高和资源配置优化；在产品方面，市场对企业生产起决定作用，市场对产品的种类、构成、效果更具有话语权。更细一步讲，企业要做的是如何把产品的种类、构成、效果真正实现创新，企业通过掌握市场的动向来把握产品，满足消费者预期实现种类创新，再通过对生产中面临的结构方面、性能方面、使用操作上有所革新，使其更具人性化、更实用安全来实现构成创新。还可以通过设计产品，满足消费者需求来实现效用创新，达到效用最大化。

（3）企业制度创新

谈到制度创新，企业与政府因其功能不同，对制度创新有不同的内涵。政府的行政功能决定了它需要更加宏观的规划，而企业则是针对本企业的具体化。二者既有区别又相互补充。那么，如何建立起真正适应企业的制度，最基本也最重要的就是公司的激励约束制度；其次，要建立与完善产权制度和经济管理制度。因此可知，当前我国规定企业的三大主要制度，包括股份制、有限制、股份合作制等，可以看出产权制度决定企业性质，是根本性制度，代表生产资料的所有制问题。不得不提，在这种规则下，民营企业反而具有更加敏捷灵活的特点。经济管理制度主要包括对目标制度、激励制度和约束制度的创新，它是一种关于经营权，关于行使条件、限制范围的原则，是对日常管理运行的总称。

3. 院所功能定位

（1）院所技术创新

不管是对企业技术创新还是政府技术创新来说，院所的技术要求才更具有代表性，这也是把技术要素放在首位的原因。院所技术上的要求更前沿，更专注于对基础、实验、设计等基础性研发。主要有三种开发模式：①资源上的创新，依靠技术，学习模仿国外技术、合作。在此过程中，企业充当的只是实现一个完成市场需求—研究开发—设计试制—生产销售多层次的商业过程，不同于企业，院所更看重技术上的研究与开发，实行计划制订—研究开发—设计试制—生产销售的模式推动，随着社会进步，也逐渐向研究—实验开发—设计试制—生产销售的科学方向推进。

（2）院所管理创新

相对于企业管理的延后性，院所制度具有更高的专业程度，灵活的市场反应，较轻的负担。院所主要通过对项目决策、科研项目、人才绩效管理、成果商业化等一系列问题的创新。院所更需要通过注重人才的发展、创新和研究技能的提高，达到院所科技资源的高效利用与合理分配，更好实现创新的核心功能。还必须配备学术创新氛围，社会上也需要包容创新失败的气氛。

（3）院所制度创新

对于制度上的创新，不论是关于企业、政府还是院所，这都是不可绕过的问题。同理，他们处理的方式也具有异曲同工之妙，都需要建立与之相匹配的制度。通常包括产权制度、产权明确、条理清楚，是院所发展的必解之问题。要想实现区域创新的主体功能，就必须推进制度的发展；员工收益分配：为了激发学者们的创造力，资本上的投资与鼓励是必不可少的，院所通过对类似股份形式、期权、期股的分配将极大地激励员工的积极性。这也极大地减少了由于院所短期的不当行为，影响团队力量的可能性；产学研联盟合作制度：多领域、多层次获取资源来利用拥有的技术与物质基础。达到学者和科研人员合作共享的平台，促进创新网络的有效实施。

二、区域创新主体功能协同

1. 区域创新主体功能协同类型

（1）按功能发挥角色划分

根据不同的区域创新主题，我们将其划分为两种不同的角色，包括主导协同、参与协同主体的方式。因为主体涉及政府、企业、院所，它们具有不同的特色，功能发挥上也必然存在一些问题，它们不同的方向范围，供应了不同的需要配合的主体。

（2）按主导功能数量划分

不同创新主体体现着不同的供给，来满足不同的发展阶段需求。因此可以呈现不同的主导功能数量：分为单主体主导型和双主体主导型，他们较为符合发展中面对的实际，还包括多主体主导型，但是过于复杂，并不主流。

（3）按主导功能对象划分

主导性体现在具体方面有，单主体主导和双主体主导，分别涉及：包括政府、企业、院所主导的单主体；包括政府—企业、企业—院所、政府—院所等双主导主体性。这里面涉及的政府—院所—企业多重的多主体类型不是主流。

三、区域创新主体功能协同方式

根据实际需要划分为三种方式：点对点、点对链、网络的协同方式。

（1）点对点协同方式

点对点协同，顾名思义就是在三个主体包括政府、企业、院所之间。两两协作，一对一的协同活动。在区域创新中，两两协作的关系网络简单，目标精确统一，它具有保密性、技术要求不高的特点，因此根据三者的协作关系，它存在三种情况，如图6-1所示。这也体现了这种模式的局限性，只适合在规模小的企业公司与研究机构，极少出现在规模大的企业与研究机构里。

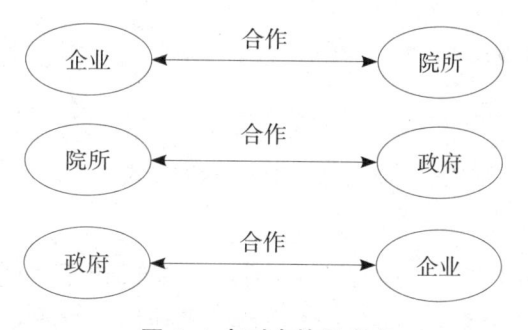

图 6-1 点对点协同方式

（2）点对链协同方式

如图6-2所示，它存在六种可能发生的情况：① 单个企业与多个院所合作，他一般是由经济和综合实力强的大企业承办，依托于周边的高校与研究所合作，共同成就了企业所需要的产品等一系列创新，提高产品实力和竞争力，占有更多的市场。②单个院所与多企业合作，这就体现了院所科研研发实力强，一对一的商品化难以满足前沿的创新技术，通过上中下游的配套设施合作与成果商业化，获得市场的认可，这既有利于企业创新发展，又有利于院所的实验科研成果推向整个市场的过程，实现了双赢。③单个政府与多企业合作，一般产生的这种模式处在某一地区，政府利用行政权为某一地区特色产品的政策鼓励，通过此类合作协同发展。④单个政府与多个院所的合作创新，一般这种模式都是政府为了鼓励相关院所的新技术的推广和研发，对于某项基础研究或者公共共享技术产生的协同创新。⑤单个企业对多个院所或多个政府部门这种点对链的方式现在还未实施与推广。但这是值得期待的对多个政府与企业、院所等新模式的开发创新。

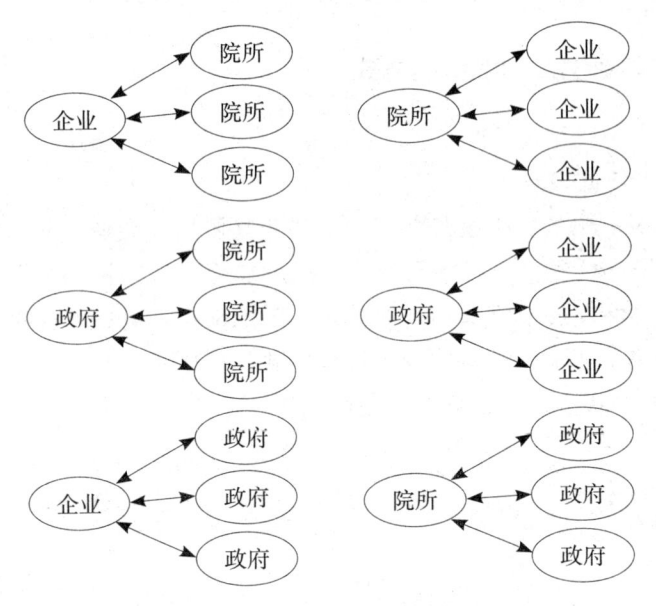

图 6-2　点对链协同方式

（3）网络协同方式

网络协同是很复杂的、很难统一的，但是却更符合现存的区域创新的实际情况，因此它常见于现在的多企业、多院所、多部门的协同创新活动中。如图 6-3 所示。本文讲述的也是此方式，在网络协同中，本文提到的政府、企业、院所这三个主要产业。通过在网络上进行知识方面的交流、扩散、互补、技术上的转移、利益上的共享与风险上的承担，真正实现的协同与资源发展。因为网络的便捷性，致使越来越多的主体来参与其中，随着时间推进，涌现了更多的规模大、实力强、跨领域、跨行业的共同创新，这些扩大也代表着原来简单的合作关系趋向复杂性和难度的增

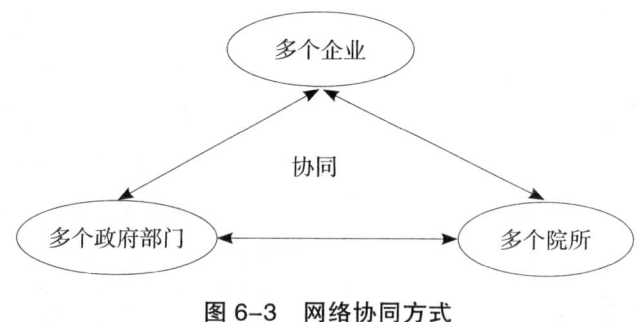

大，这也为组织上合作的结构与关系出了难题，管理也不同于以前。

图 6-3　网络协同方式

三、区域创新主体与阶段间的功能耦合

1. 功能耦合思路

（1）功能供需匹配思路

政府、企业、院所三大主体的核心功能和辅助功能都有所不同，按照供给和需求匹配的要求，使之成为最大的突破点。区域创新和新阶段功能最根本的就是关于功能供需匹配思路。在区域创新中，需要满足初创值、成长期、成熟期到升值期这些需求。这体现了要从初创期到成长期，需要聚集功能需求，再从成熟期的创新驱动过渡到升级期的机制改革，这些过程都是在发展体系中，必须要经过的过程，逐渐成长为所需的成长需求，体现在创新的区域主体间，使之在三大主题的主要核心的功能与辅佐的功能能分别体现出重点。

（2）主导主体转换思路

转换思路顾名思义就是换位思考，无论提到双主体还是单主体之间的协同，它们都是有共同点的，都存在主导主题，主体间如何协作、主体间如何创造出各异的效果，这些演化出来的新需求往往由功能发挥得是否相妥而配合。要知道创新过程是要经历以上提过的初创、成长、成熟、升级的阶段，功能随情况的不同而有所变化。区域创新是要求变化的，无论是从要素聚集还是产业主导或者更深层次到创新的驱动与机制之间，这些要求都是客观需要的。因此可以说，创新发挥的关键是协同中的不同主体，只有具有主题变换的思路，将主体不停地转化，才能让主体与新阶段功能相结合成为可能。

（3）资源优化配置思路

如何使资源使用效率得到更好的提高呢？在资源优化配置之中，为了发挥实

施过程中的最大效果，通过如下几个方面，为了奠定一个更高的阶段创新的新基础。首先，我们要知道优化是对资源合理配置的最好处理结果，因此要在阶段中实现最大的使用利用率和优化；其次，在实施阶段中，对创新资源的效用最大化的安排，为协作提供支持。这是如何分配对以上我们探究的政府、企业、院所的三大主题所持有的现有资源又是一个值得商讨的问题。它们因为发挥职能的不同，资源的拥有量也各有不同，比如：政府拥有大量优惠的政策、财政。企业掌握广泛的市场资源与生存方面的资源。而院所则有大量的人才，他们通过人才培养、科技研发等手段打下坚实的基础。对于创新的条件，此时三者资源进行分配协作，发挥效用最大化是重中之重。资源的优化配置在市场中的地位极为重要，并且主要的资源一般都是通过市场调节配置，但是市场调节存在着自发性、盲目性、滞后性等弊端。但不可否认的是它具有公平、竞争、开放的特点，能更好地践行适者生存的法则，是市场具有活力生机的重要保障。为了使优点更加突出，需要政府的帮助与调节来改变，市场的自由调节机制与政府的宏观调控的强强联合一定可以促进区域主体的顺利发展，资源利用最大化指日可待。

（4）效益最大化思路

为了实现最后的整体目标的顺利进行，可持续发展是我们必须始终奉行的准则。因此，在实施过程中，我们不仅需要着重看区域经济的效益，还要注重整个地区的生态环境，以及可以创造的社会效益。既然区域创新主体和创新阶段的共同目标是实现整个区域创新效益的最大化，就要明白不能过于夸大注重某一领域的单个主体功能的发挥，也更不能忽视整体功能的耦合效益。为了区域经济的持续发展，我们要做到统筹兼顾，切忌一味地追求经济忽视其他效益的实现而得不偿失。

2.功能耦合模型

因为政府、企业、院所这三个主体核心功能各不相同，所以单独靠一个单体的主体是没有好的出路的，要想实现三者之间的协同，我们要知道创业历程包括的初创、成长、成熟、升级都是动态的。要使它们在动态里相互分配，协调资源，促进创新向高阶段迈进，实现创新的经济效益与生态和社会效益的有机统一，实现发展可持续。实施过程中要找到实施的主体，根据功能对接原则来确立可以支持的主体，理解创新中所要满足的新诉求。

首先，发展区域创新要使政府在此居于主导作用，发挥擅民体质，形成了良好的低成本的要素聚集，培养适宜创新发展的土壤，营造良好氛围，打造适宜环境。这些都是由于初始阶段，发展中可能出现的资源要素聚集的不确定性，不稳定性而决定的。其次，由于长期的居于市场上的优越位置，拥有良好的管理制度和高新技术的企业占有优势，在此阶段对接政府的短板成为主导主体，参与市场竞争要有竞争优势，而市场具有市场化、规模化的特点，决定具有高度集群的组织更适宜参与激烈的市场竞争。更重要的是成熟时期，此时创新驱动的专业性、知识化决定了区域必须依靠在发明、应用、外观领域不断取得创新成果的团队或组织，没有不具备专业的学者团队和专家的。总而言之，在升级改革的大趋势中，具有调控掌握大局的、推行实施发展的强有力的领导者，往往成为创新改革的主体，此时政府的大局意识和调控的优势使之往往成为更具有权威的领导者、主体。如图6-4所示。

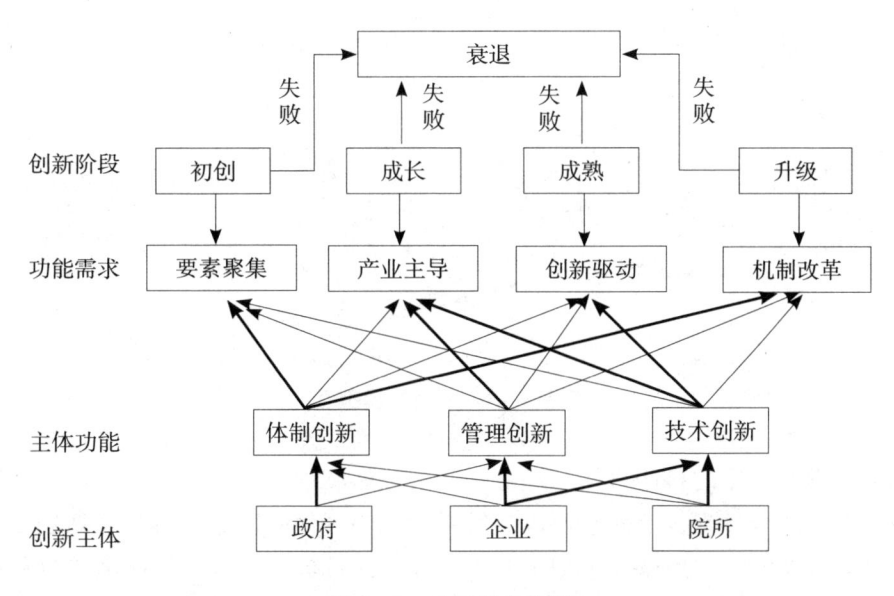

图 6-4 功能耦合模型

第二节 区域创新主体协同演化过程

在这个过程中，存在着合作与博弈共存的特点。如何在政府、企业、院所三者中谋取到最大利益，使得所有参与者都获得共赢的结果？此时三者协调合作会造成怎样的效果成了一个判断协作是否成功的理由。比起过去的协作中，静态的合作往往具有主流姿态，甚至在国际科学工业协会中提出的"三元参与理论"，还有我国国内提出的"五元驱动理论"，它们都不是真正动态的，都具有静态的理念。

Etzkowitz 和 leydesdorff 提出了三螺旋模型（TripleHelixModel），后来将 DNA 结构的生命科学猜想，引入院所、企业、政府三者之中进行对比。完美地诠释了三者动态协作的全过程，解释了区域创新主体协同在生物学上的动态演化含义，如图 6-5 所示。详细来说，为什么将它称为螺旋式演化因为它们三者既可以合作又可以独立，合则产生互动，将知识、行政、生产的体系等活动创新统一，形成三方网络与混合。分则各执一方，可以完全不借助对方的能力完成活动。因此它们的关系可谓是合作与竞争共存，这种关系完全可以通过强强联合和竞争博弈来进步，也就是螺旋式上升的演化。

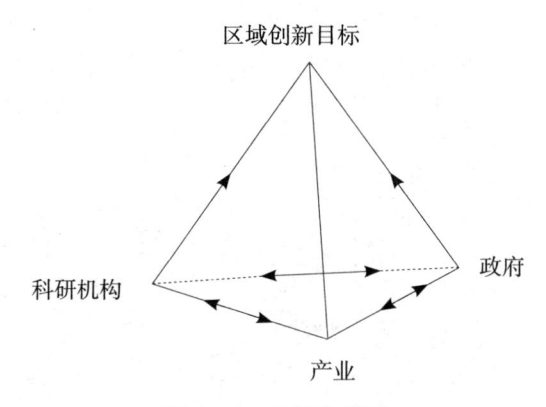

图 6-5 三螺旋模型

上文学者提出的科研机构—产业—政府三螺旋模型中螺旋式中，可以准确地说明动态化的全过程，因此它可以足够科学地为其他的区域分析与规划创新的关系。以前文功能耦合思路与模型为基础，建立区域创新主题协同的演化过程。如图 6-6 所示。我们将其发展历程规划为主要四个阶段。① 初创阶段，采用以政府为主，企业和院所为辅的模式，这种模式可以极致发挥政府宏观调控的作用，在创新的开端，起到政策上的领导与支持，满足了要素集聚间的博弈。② 成长阶段，采用以企业为主，政府和院所为辅的模式，此时，创新道路走向正轨，政府的调控功能减弱。逐渐过渡到必要参与者，而企业凭借市场上的先天优势，在成长阶段迅速发展，占领市场，满足了产业所需的协同博弈。③ 成熟阶段，形成以企业、院所为主，政府为辅的模式，此时院所的前沿科技与企业的产业模式发挥了不可替代的作用，也满足了创新技术为主导的博弈。④ 区域升级创新阶段，无论是政府、企业还是院所，都发挥着不可替代的作用。形成了真正的博弈关系。

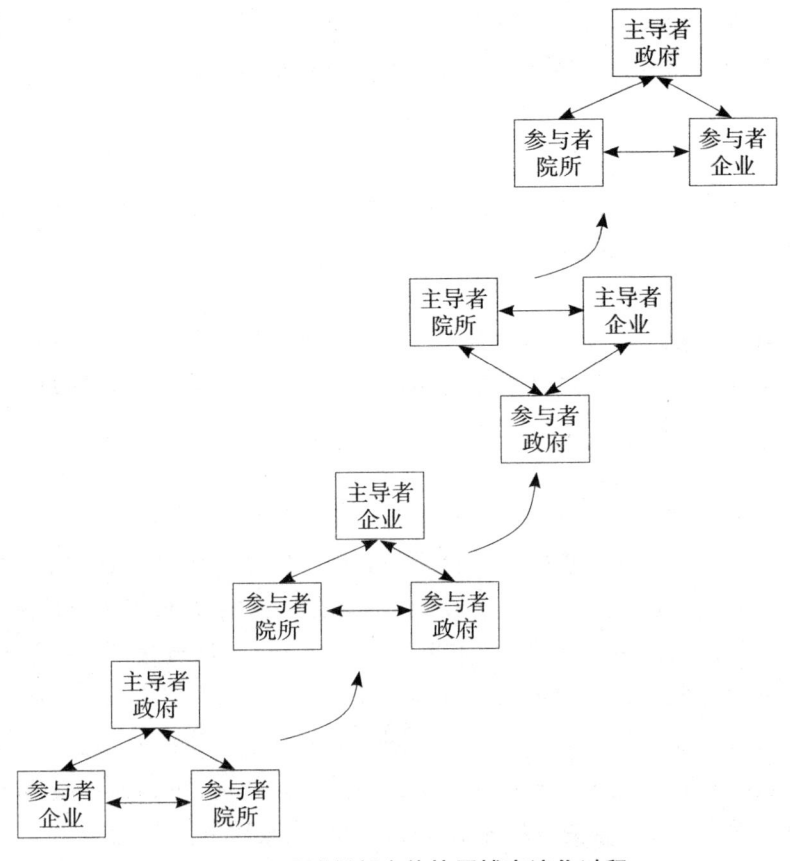

图 6-6　区域创新主体协同博弈演化过程

第三节　区域创新主体协同效率指标体系

一、指标体系构建的原则

(一) 科学性原则

科学性原则就是用效率指标科学地衡量和反映政府、企业、院所这三者关系的行为。为了实现科学的为人所认同的结果,这个目标需要以区域创新原则为基础、实践经验为主实施实现目标。

指标的制定需要遵循一定的准则,在这个过程中我们要根据相应情况制定相应的准则，学会因地制宜；指标数据要真实准确，不能太过冗余复杂；每一条指标要严格制定，而且每一条指标都应具有一定的代表性，让人一目了然，并简明扼要地概括区域创新协同发展的真实情况。

（二）系统性原则

区域创新实体主要包括科技、创新、人才、企业、政府、机构、产业、环境、指标创新、科学技术创新、行业管理创新等诸多因素。区域创新实体的内容主要集创新投入、主体系统、主要内容以及产品产出等于一体，具有一定的完整性。因此在对其进行概括时需要运用系统的视角来评估区域创新主体的特点和协调状态，而在构建区域创新实体的指标时也应从整体的角度来客观描述政府、企业和机构协作的工作机制，准确地阐明区域创新共同作用的结果。

（三）可比性原则

各地区在区域创新实体评价指标体系中的协同效应应根据规范明确界定评价指标，并调整统计范围，保持一致性。一方面，区域合作创新效率指标应该在不同时间或空间范围内具有可比性。在制定指标的过程中要根据实际情况，因地制宜。如果某些指标在一定时期内没有明显变化，而且在区域之间也没有较大差别，那么它将不作为制定指标时的参考选项；此外，如果具有很重要的地位，那么在制定时应分配较少的比重。其次，在不同时间和地点，指标的口径和范围都应保持一致，进行比较的是平均数或指数等。最后，在指标体系的制定过程中，指标数的选取应适当，过多会使指数复杂，过少会使指数简单。

（四）可操作性原则

可操作性是构建区域创新实体指标时最基础的准则。在构建的过程中我们应充分考虑两点：首先，为了保证构建工作的顺利实施，指标选取以及数据收集的前期准备工作要做好，权衡好各种理论和实践之间的利弊关系，在遇到一些困难的时候我们可以适当地选择添加或删除一些指标来满足工作的需求。其次，评价指标的构建需要因地制宜，根据区域的实际情况简要概括，并能真实准确地反映当地的协同构建的主要内容和实时状况，同时指标体系还应具备反映区域创新实体构成元素变化的能力，当企业、政府、学院协同发展时，过程中发生的变化应实时反映出来，指导人们不断发展最大化指标体系的意义。

二、指标选取依据

（一）投入指标

一般情况下在分析各地区创新型企业的合作时，我们主要从三个方面进行考虑，即 R&D 研发人员投入、R&D 资金投入、科学技术的投入。而在之前的国内外文献中一般只考虑 R&D 资金投入和 R&D 研发人员投入这两点。其中 R&D 资金投入体现的是在区域创新的过程中资金的使用情况，R&D 研发人员投入反映了创新过程中人才、资金、创新三者共同作用的结果。本文加入的科学技术要素反映了其在创新过程中对协同效率的积极作用。

（二）产出指标

从分析区域创新组织合作效率的角度出发，国内外研究文献集中在三个方面。首先，专利的使用反映了社区实体之间联合创新的效率，因为有些发明选择不申请专利，所以在衡量是否适合创新时产出受到学术界的质疑。其次，有些发明专利存在一定的缺陷，因此在选用专利数来代表区域创新的工作效率也是存在一定问题的。最后，高新技术产值（朱有为和徐康宁，2006）也不能被直接用来代表创新成果的价值。以上三种都存在一定问题，但是我们并没有找到一种更合适的指标来满足我们的所有需求，因此这些指标在当前的研究中仍被广泛使用。本文综合以上情况，选择将上述三种指标协同合作反映区域创新实体的工作效率，三者紧密结合可以较为准确地反映我们的工作效率，并与第二节区域创新实体中的创新产品产出要素、创新产业产出要素、创新环境产出要素——对应。

三、数据选取诠释

对于创新过程中使用到的数据主要来自《中国科技统计年鉴 2010》和《中国科技统计年鉴 2011》，可在一定程度上提升结果的可靠性。并选取主要区域创新协同输出数据，作为从过程投入到产出的主要区域创新的协同效应。由于我们的 30 个省级行政区域，不包括港澳台地区，而西藏在内的数据不完整，本次调研，分析区域样本暂不考虑。由于选定的 30 个状态的 R&D 输入/输出数据是非零的，因此也确保了在建立输入/输出模型时数据处理将可靠地执行。此外，为了调查我们合作中区域创新领导力的差异，我们将使用传统的中国东部、中部和西部三个关键领域的协作创新效率条件进行比较。其中东部包括北京、天津、河北、辽宁、上海、江苏、浙江、福建、山东、广东、海南，中部包括山西、内蒙古、吉林、黑龙江、安徽、江西、河南、湖北、湖南；西部包括广西、重庆、四川、贵州、云南、陕西、甘肃、青海、宁夏、新疆。

（1）投入数据

R&D 投入人员数（单位：千人），在《中国科技统计年鉴》中我们可以看出研发人员主要来自政府、公司、研发机构、学校等地。而人员的数量也可以在一定程度上反映区域创新的工作效率，尤其是研发人员的实力更能体现区域创新实体的协同效率。但经过计算可知投入的人员数量主要来自政府、机构、学校这三大整体，其余的所占人数比例很小。

R&D经费支出总额（单位：亿元），是指各地区研发活动的支出，并在一定程度上反映了各地区创新投入力度和研发规模。与此同时经过《中国科技统计年鉴》的统计可以看出其中R&D经费支出总额也主要来自政府、公司、研发机构、学校等地，尤其是在政府、机构、学校这三个主体中所占的份额比最大，因此可以用R&D经费支出总额代表政府、企业、院所（科研机构和高等院校）三大主体协同R&D经费支出。

技术市场成交额（单位：亿元），是指在区域创新的过程中科学技术的使用规模，我们将用"各地区科研技术的交易总额"来替代。在《中国科技统计年鉴》中科研技术交易总额的来源很多，但企业、学院、政府所占的比重最大，大概在90%以上。其他地方的交易额占比相对来说比较小，像科研所、社会团体、普通老百姓、医疗卫生等。综合上述情况，我们可以用科研技术交易总额大体上代表企业、学校、政府的协同发展投入。

（2）产出数据

新产品项目数（单位：个），是指在原有技术的基础上添加新的创新科技、新的研发思路，从而生产出新的产品，相对于旧的产品性能有大幅度的提升，研发新的性能使其在使用功能方面更能满足人们的需求，更能体现出协同创新的工作效率。

高新技术产值（单位：10亿元），主要指投入的创新型科研技术在创新活动当中带来的更高一层的经济成果，而取得的成果的大小可直接反映高新技术在创新协同活动中取得的成功度。

专利申请数目（单位：百件），在一定程度上体现了创新的成功度，以及一个国家科研技术的能力大小。此外，它也是衡量知识产权、专利工作的重要指标，反映国家的科技进步。

（3）指标体系

构建的区域创新实体的指标体系的首要是具有很强的实际操作能力，因此必须严格挑选数据和指标。构建的指标体系由三个级别的指标构成，一级指标是区域创新实体的协同工作效率；二级指标是区域创新实体的投入以及产出；三级指标是研发人员，研发支出，技术市场销售，新产品项目，高新技术产品数量，专利申请数量。其结构图如图6-7所示：

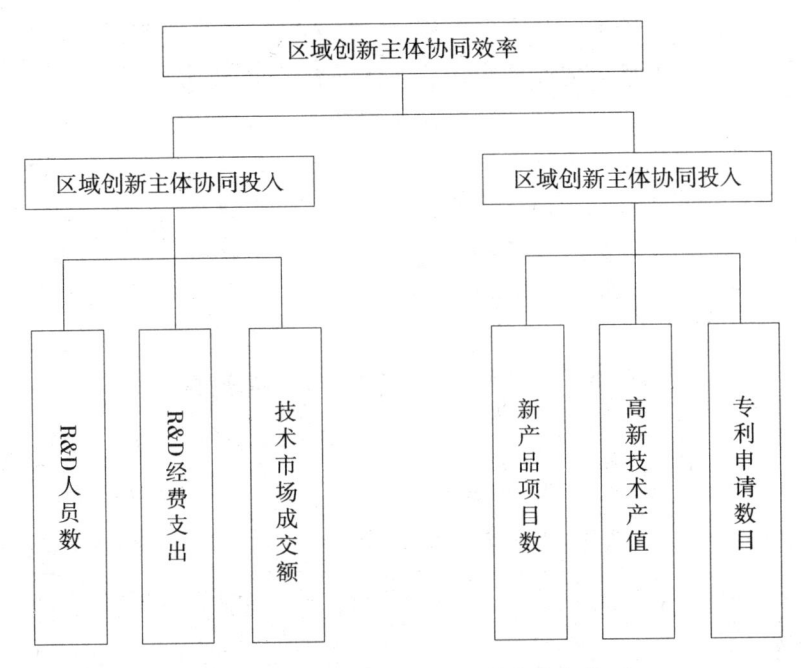

图 6-7 区域创新主体协同效率指标体系

第四节 区域创新主体协同路径

一、区域创新主体协同的组织路径

1. 组织路径形式

组织路径形式是区域创新主体首先必须找到的方式之一，以实现合作目标。在合理有效的组织调整框架内，区域创新主题将更加有效地推动创新活动的实施，否则会阻碍创新活动的扩张。根据企业、政府和机构的组织方式，组织的路径分为两类：实体组织联盟和虚拟组织联盟。

（1）实体组织联盟

联盟运用政府自身系统的创新，利用自身管理创新的优势，创新实体组织企业、政府、医院等，在业务基础上建立一定的契约关系，财政支持收益机构的优势在于利用人力资源开发自主创新，共同为区域创新相互配合、相互支持区域产品的各个阶段分享必要的创新投入资源，共同推动工业与环境创新发展。在企业技术创新与合作开发领域，基于研究创新，创新的效益各不相同，在创新实践和共同发展领域，寻求形成地方社区协会实体品种的重大创新。区域创新对象合作的作用根据不同的主题和目的，可以将组织的研究联合分解为一个构建，该项目是一个三模式的实体操作系统，它被推到一起建立联盟。主要的区域创新组织提供一定的数量，直到形成三种不同的合作模式，组织的实体共同合作，充分设计业务以满足各种创新的需求和利益。它将与政府、研究机构共同发起，实现其优势资源的有效整合，展示路径参考。

表6-2　区域创新主体实体组织联盟模式

	组织联盟形式分类	
共建研究机构	共推项目合作	共建经营实体
共建重点实验室	基于委托开发形成的组织联盟	基于技术入股形成的经营实体
共建工程技术中心	基于合作开发形成的组织联盟	基于企业整体入股形成的经营实体
共建技术开发中心	——	——

① 共建研究机构

一是共建重点实验室。实验室是由企业、院所、政府三大实体共同建立的，所需的资金主要来自政府的支持，企业或学院占较小的比重，但它们提供主要的技术支持，其中企业提供偏实践过程中所用到的技术和研究设备，学院提供构建过程中所用到的基础性的知识原理。共建的重点实验室使创新活动的工作效率大大提高，不仅使科研技术和试验设备得到提升，而且加快了科研成果的产出速率，从而增强了我们的竞争能力。

二是共建工程技术研究中心。工程技术研究中心主要是针对创新技术的研发，为了这个目的，三大主体共同努力，充分发挥自己的实力。政府主要是提供相关的资金支持，而企业和学校提供资金支持，也会根据自己的能力提供相应的人才或设备支持。根据三大主体提供支持所占的份额比例得到自己相应的劳动成果。构建的工程技术研究中心主要是为了进一步提升研究成果，或者对其再开发从而更能满足人们的需求。也可以为三大主体创造出更加强大的科研技术和创新产品，为经济的发展提供更加强大的基础。

三是共建技术开发中心。与主要研究实验室和工程技术研究中心相比，共同开发的技术开发中心通过市场需求和技术开发支持，基于公司的战略需求开发出具有竞争力的新产品，旨在开发新技术、新产品。公司联合建筑技术开发中心占据主导地位，并提供大量研发资金和设施支持，根据合同关系，它们提供技术和人才方面的合作与支持，以及制定国家技术战略的方向。根据适当的程度给予某种程度的财政支持和政策偏好。

② 共推项目合作

一是基于项目委托开发而形成的组织联盟。组织联盟的创立就是政府、公司、学习互助互利，为了实现一个只依靠自己的能力不能完成的目标而创建的。政府部门为了完成一个自己不能完成的项目会寻找企业或学校做外援并提供相应的资金支持。而学校方面想要完成一个大项目虽然有充足的人才、技术的支持，但缺乏大量的资金支持。因此这种联盟关系实际上也是一种委托关系，一方有需求并提供资金，另一方满足需求并获得自己相应的利益。

二是基于项目合作开发形成的组织联盟。这是一种相对来说双方都比较主动的联盟形式，为了实现一个更高的目标，合作双方共享自己的技术、资金和人才等。联盟双方会签订相应的合同条款，履行属于自己的义务，完成自己所负责的任务，对于劳动成果双方共享。通过这种合作方式，不仅可以提高双方的工作成果，而且在合作过程中可促进双方的技术人员的交流，提高创新能力。

③ 共建经营实体

一是基于技术入股形成的经营实体。这种组织形式在公司和学校比较常见。合作双方都存在一定的短处，但也都有自己的优势。公司拥有雄厚的资金支持、管理制度等，通过与学校合作，引入学校充分的人才资源，两者互惠互利、紧密合作，形成相互依存的组织联盟体。

二是基于企业整体打包入股形成的经营实体。学校依靠自己的能力创造出来的一些实验成果有些已经完全成熟并可以应用到需要的场景中，但是相比市场上存在的那些成果仍然存在一些不足，如宣传和管理方面等。为了弥补这些不足，充分发挥自己研究成果的能力，需要采用企业打包入股的方式，使成果更加适应商业市场，从而为合作双方带来更高的经济效益。

（2）虚拟组织联盟

科学技术的不断发展会带动各方面技术的发展，如通信技术等，而且人们的生活需求也会不断提高。为了满足人们的需求，一种新的联盟形式应时而出，即虚拟创新组织联盟。它是一种基于创新型的网络合作平台，以一种新的合作形式将信息技术、通信技术、智能技术联合起来，通过不同的需求将不同的主体组织到一起，实现资源、技术、人才的共享，从而创造出新型的产品。在合作过程中也可以提高双方主体的工作能力、创新管理制度、提高科技竞争力等。与之前传统的合作方式相比，这种新型的虚拟创新组织联盟具有以下较为明显的优点：

① 扩大联盟组织范围

虚拟组织联盟的创建可以帮助我们快速建立一条完整的创新产业链条，满足更方便的需求。因为时间和空间的诸多限制，会给创新活动带来很多麻烦，利用虚拟的组织联盟可帮助我们突破这方面的局限性，联合各种企业、政府部门、研究机构、高等学校等，在各自的空间充分发挥自己的优势，资源共享，创造出更大的劳动成果。借助虚拟平台将创造出的劳动成果进一步向市场推进，实现劳动成果的利益最大化。在创新过程中也可以根据产品的需求加入所需要的成员要素，像金融、宣传等。

② 提高联盟创新效率

虚拟联盟组织之间的信息传递是基于实现即时信息交换和沟通的网络和信息通道，传统组织形式没有中间环节，组织范围和层次的界限急剧减少。该组织的许多成员将为研讨会提供创新协作分工的最佳选择，并将资源调动速度提高一倍甚至多倍，并提高创新和协作的效率。

③ 增强联盟创新竞争力

利用信息技术和网络技术，虚拟组织联盟可以动态整合和召回各种资源，快速响应创新环境的变化，领先技术创新、管理创新、制度创新。同时，虚拟组织联盟打破传统知识差距，加速知识和流动性的共享，不断获取必要的知识以适应环境，提高联盟动态学习的竞争力。

2. 组织路径演化

（1）松散的创新联盟组织

早期的区域创新联盟组织只是一个创新与合作的基础，主要是为了适应新组织的目标和任务，开展创新活动和维持包括利润分享机制在内的实体之间的创新活动、管理体系、机制、沟通与合作。在这个阶段，创新联盟组织的实体对联盟组织的归属感低，遵循自己的行为模式，资源相对分散，联盟组织成员交流的频率低，创新合作依然处于混乱的探索阶段。

（2）密切合作的创新联盟组织

随着创新联盟组织内联系人数量的增加，主体之间的亲和力增强，建立了有效的分工合作体系，形成了协调内部资源调整平台。由此，联盟的主要参与者实现设施，设备共享，有限的信息知识共享，培养竞争性和创新性的结果，形成具有组织独特特征的创新文化，促进参与者、联盟组织的认证形成一个密切的创新联盟组。

（3）全面协同的创新联盟组织

随着合作的不断深入，劳动成果的不断增加，各主体的创造能力会不断加强，默契度也会越来越好，从而使竞争力越来越强。在合作的过程中，主体之间会形成一个新的思想水平，组成一个新的主体，共同努力。同时，随着联盟成员间合作的深入，相互知识共享的程度得到加强，联盟成员之间的相互开放达到顶峰。与前一阶段相比，组织内部的分工协作灵活有序，更加积极地加强联盟的职能和目标，任务远远大于成员在合作前的创新动力。

上述三种组织机构正好构成了区域创新实体在发展过程中经历的三个阶段，由最初的为满足需求而建立的创新联盟组织，创新过程中主体之间默契合作，最后形成一个成熟的组织团队。在合作的过程中彼此之间相互促进、相互成长，形成新的管理制度，完成新型的劳动成果。如图 6-8 所示。

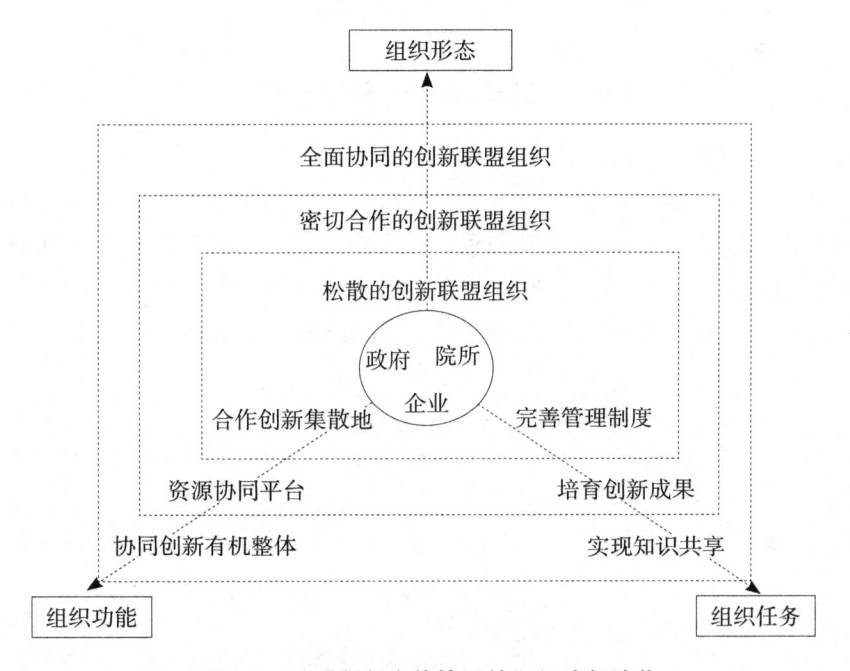

图 6-8 区域创新主体协同的组织路径演化

二、区域创新主体协同的过程路径

1. 过程路径模型

（1）区域创新主体协同的过程要素

区域创新主体的构建需要的元素多种多样，本文在第二节中将这些因素大致分为12种,即人才、资金、技术、企业、政府、院所、技术创新、管理创新、制度创新、产品、产业、环境,根据这些要素我们可以建造一个区域创新实体的要素模型,如图6-9所示。这12种要素可以进一步分为三个部分,第一部分是行为过程,即企业、政府、学院创建的技术创新、管理创新、制度创新;第二部分投入过程要素,即三大主体投入的人才、资金、技术;第三部分产出过程要素,即三大主体对产品、产业、环境的创新。

图6-9 区域创新主体协同的过程要素

(2)区域创新主体协同的过程模型

博弈关系是区域创新过程中不可忽略的,在本文第四章中,我从定量假设的角度对其进行了详细的论述,但实际上,主体博弈的关系起初还没有明确,而是演化的过程。据郑刚介绍,根据国内外相关研究成果,我们提出在调整中应包括接触/沟通、竞争/冲突、合作、整合和协同五个阶段,如表所示。

表6-3 协同五阶段过程

阶段	过程	作用
1	接触/沟通	相互了解与交流,分享部分信息
2	竞争/冲突	为了各自利益产生竞争,甚至冲突
3	合作	为某一目标而分工配合、共享相关信息与知识
4	整合	围绕多项共同的利益,实现资源共享与共同开发
5	协同	形成有机整体,达到整体最优化

基于这一观点,本文还定义了区域创新合作伙伴的接触/沟通、竞争/冲突、合作、整合与协作的过程。事实上,这五个阶段的边界并不清楚,值得注意的是,

它们前后有一个固定的时期。由于区域创新实体的基础和资源不同，创新实体在不同阶段的协同作用和经验时长也不同。如图 6-10 所示。

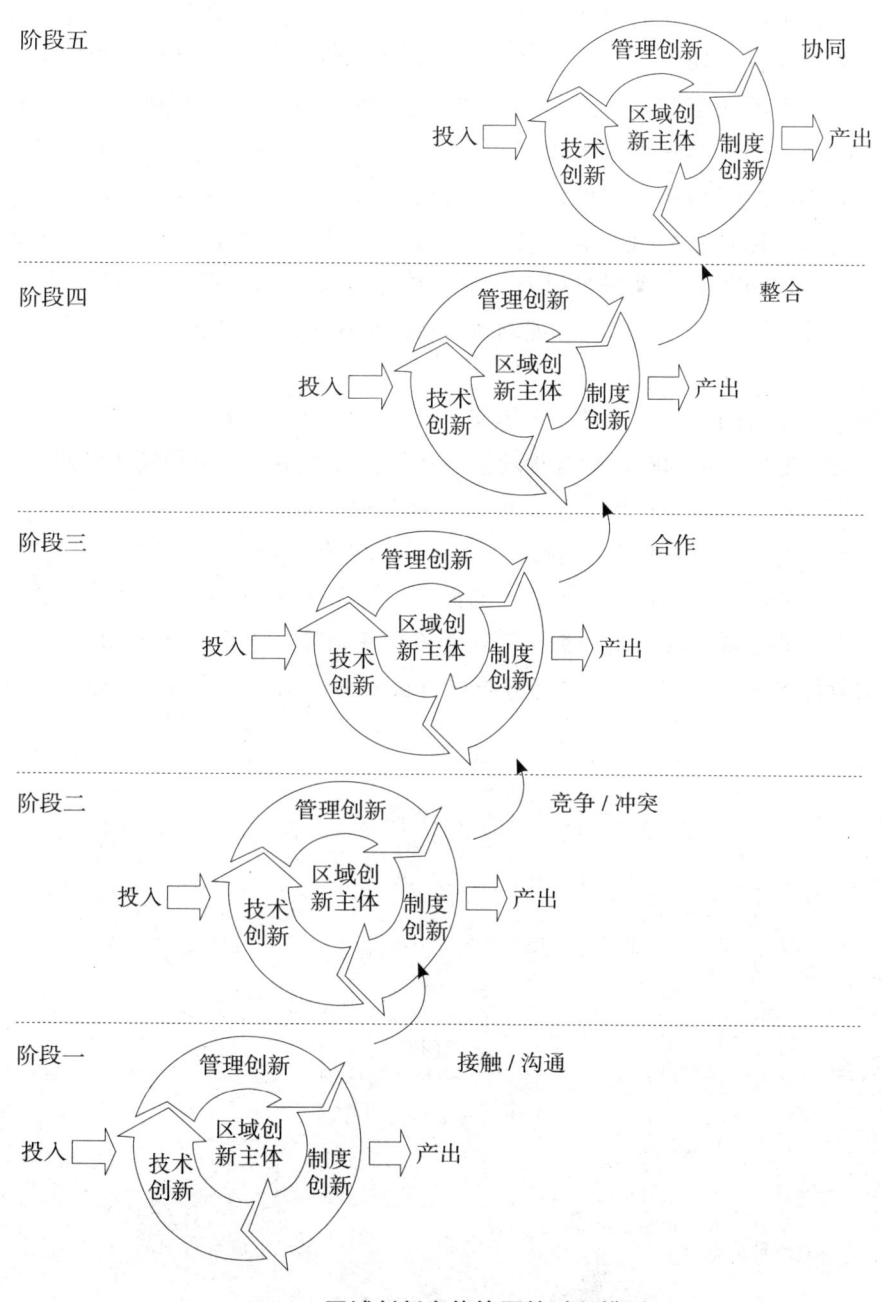

阶段五　　　　　　　　　　　　协同

阶段四　　　　　　　　　　　　整合

阶段三　　　　　　　　　　　　合作

阶段二　　　　　　　　　　　　竞争/冲突

阶段一　　　　　　　　　　　　接触/沟通

6-10　区域创新主体协同的过程模型

2.过程路径演化

（1）接触/沟通

为了促进区域创新的过程中公司、政府、机构之间的合作，双向通信和信息渠道的交流，就必须建立一种方式来了解对方。它是在协作过程中沟通和共享信息、知识和资源的基础，也是创新主体调整的前提。从实际来观察时，区域创新企业、政府、机构的三个主要领域的典型行为，互相理解，互相沟通，以便能够在相关的创新组织机构之间的沟通，联合召开会议，沟通在这个阶段关于创新的信息，委托人也独立行事。他们通常通过正式的例会，电话和网络与对方进行沟通。另外，这种联系的动机可以基于对主体自身利益的需求。公司、政府和机构主要关注对方的投入、产出，管理创新、技术创新和制度创新。

（2）竞争/冲突

经过一段时间的合作之后，主体彼此之间会有一定的沟通交流，加深对彼此之间的了解，形成一定的默契配合程度。但在创作过程中基于对创新成果的考虑，彼此之间也会加入一些自己的想法，但对于这些想法是否可行又有个人的一些见解。对于政府来说，主要考虑如何实现经济效益的最大化，公司专注于最大化市场利润，而学校主要考虑的是对自己技术实力的提高。基于这些不同的关注点，主体之间肯定会产生一些矛盾，甚至是冲突，相互竞争、埋怨等。竞争/合作阶段区域创新主体行为具体如图6-11所示，政府方面进行资金的支持，企业和学校以竞争和指责为主。

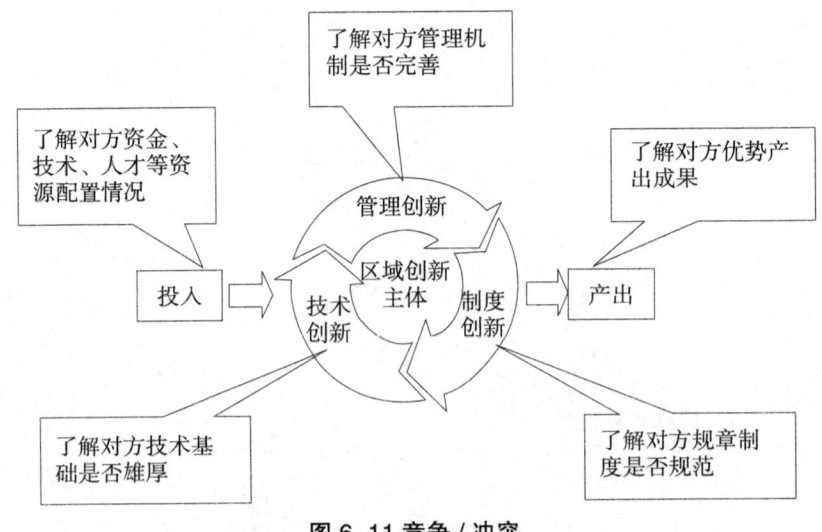

图6-11 竞争/冲突

（3）合作

创新过程中的矛盾与竞争好比一把双刃剑，有利也有弊。矛盾过后会让主体之间认清自己的问题，找准下一步工作的方向，了解只有依靠自己的能力是不可能完成这项任务的，只有相互合作才是王道；但矛盾的产生会在一定程度上降低工作的效率，对每个主体也会造成一定的伤害。在这一阶段，政府、企业和学校会共同商讨选择一个具体的研究目标或效益创新等，从而构建新的研发团队，建立新的管理制度，完成新的任务。合作阶段区域创新主体行为具体如图 6-12 所示，政府依靠自己的能力提供相应的资金支持，此外管理相关税收的问题，而学校和公司则负责提供技术、人才和设备的支持，彼此之间共同努力，默契配合创造出新的劳动成果。

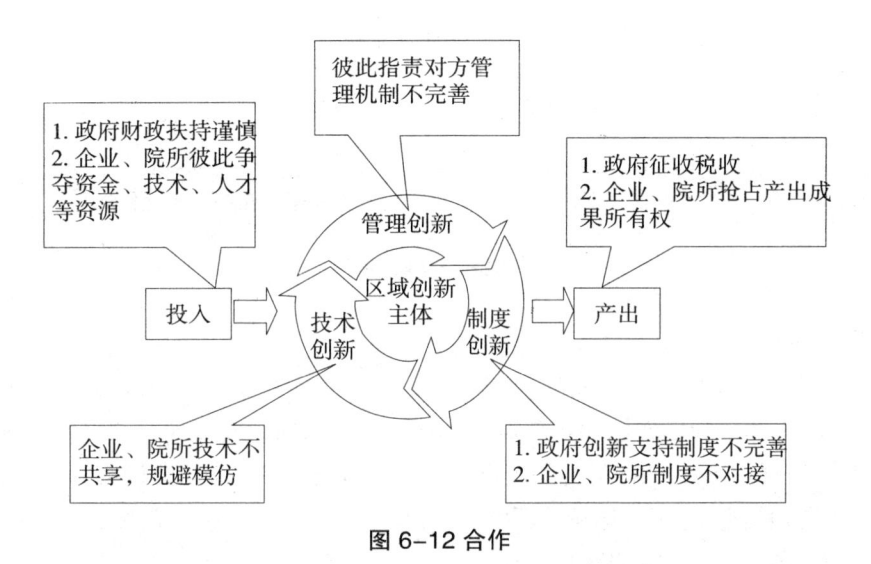

图 6-12 合作

（4）整合

区域创新合作过程中，三个主体之间相互合作完成某一产品，获得的成果是巨大的，单单依靠一个人的力量是无法完成的，这样最大化的利益会激励主体之间更具斗志，想要创造出一个更完美的产品，从而进行更深入的合作，在之前的基础之上进一步创新。进而推动主体之间各种资金、人才、科研技术的交流、结合。在这个阶段，企业、政府、机构依赖于如何调动社员的资源，如何充分利用合作社成员的能力，把重点放在如何整合。自主创新后，优化资源配置逐渐放弃了利润的原始状况。在整合阶段，区域创新者的行为如图 6-13 所示。政府不会针对具体目标和项目，而是建立一个长期和全面的创新支持基金。同时，为了创新合作的利益，长期税收和减费政策正在实施。实验室正在围绕我们实现的众多目标开展工作，为金融、技术和员工提供相互支持，并分享彼此的技术知识和创新成果。同时，公司和实验室正在共同创新建立资源，平台和其他资源整合管理机制。政府解决了创新支持体系的漏洞，并试图完善创新体系。

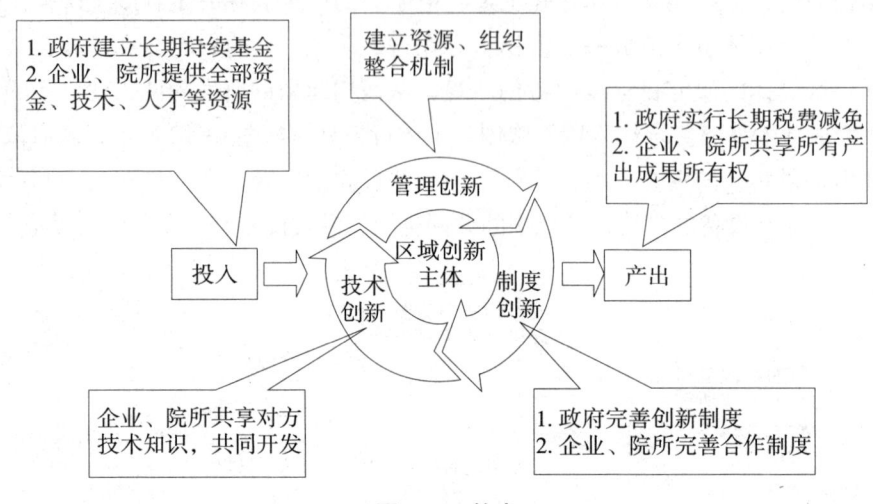

图 6-13 整合

（5）协同

区域创新活动中，为了一个共同的目标各主体之间相互合作，并形成一定的默契程度和同一平台的思想认知。在这个过程中相互之间彼此信任，就价值观达到高度统一，充分利用各自的优势为团体贡献自己的力量，提高创新合作的力量。

协同阶段区域创新主体行为具体如图 6-14 所示，政府所需要做的是在宏观上给出大致的方向，然后提供一定的资金支持，并利用自己的优势解决相关税收问题。在政府提出需求之后，企业和学校共享自己的技术和人才资源，相互整合，创建一个全新的、统一的平台，遵循一定的管理机制，从而形成一个全新的有机统一体。创造出的研究成果，三个主体之间共享利益。

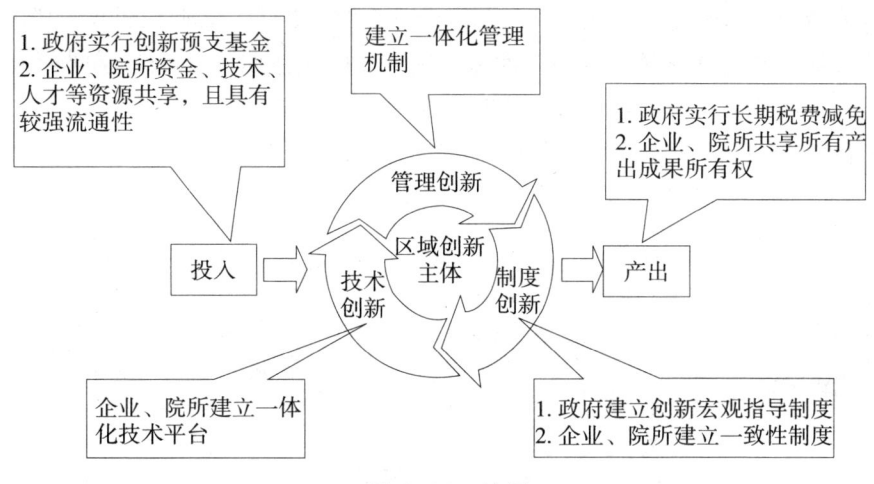

图 6-14　协同

三、区域创新主体协同的目标路径

1. 目标路径模型

区域创新的主要目标是专注于三个关键功能，即制度创新、技术创新、管理创新，通过整合人才、资金、技术和其他资源，创新产出，换句话说，通过形成有效的业务之间的协同效应，政府和其他机构，主动参与实体和实体之间的相互转换和合作途径可分为三个主要目标：产品创新、产业创新、环境创新。第三章中定位领域的创新，很明显企业的核心功能是技术创新和管理创新，制度创新是政府的核心功能，产品的创新是基于工业创新企业的形成，并基于技术创新的基础上。管理创新和技术创新能力是产业创新形成的基础，政府对管理制度的改革创新是环境创新形成的先决条件。因此该区域创新体系是基于政府创新能力为基础的系统，有三个主要目标：一是面向产品创新（产品创新——创新基于创新/制度创新——政府参与创新的投资企业/医院领导的政府）；二是产业创新（产业创新到政府机构相关业务驱动的技术创新投资互补技术/创新型管理系统）；三是绿色环保的创新并辅以相关公司/机构的政府主导的创新（制度创新——环境的创新型技术/创新管理，输入），如图 6-15 所示。

三大目标的创新可以从两个角度来理解，从区域创新发展阶段来看，结合产品创新、产业创新、环境创新，提供坚实的基础条件；从创新过程来看，整合政府、企业、机构三大主体相互合作。在区域创新和升级阶段的早期，是由政府主导倡议，企业和机构发挥着重要作用。对接以创新为导向的环境与目标路径的关系，企业引领区域创新产业功能需求的成长阶段与产业创新领域相关,因此在成长阶段的区域创新将会涉及政府和学校的参与。而在创新合作的成熟期是产品创新的关键时期,因此这时提供技术支持的企业和学校起到主导作用,政府起到辅导作用。至此,产品创新和产业创新的两大目标形成了对接关系,如图6-15所示。

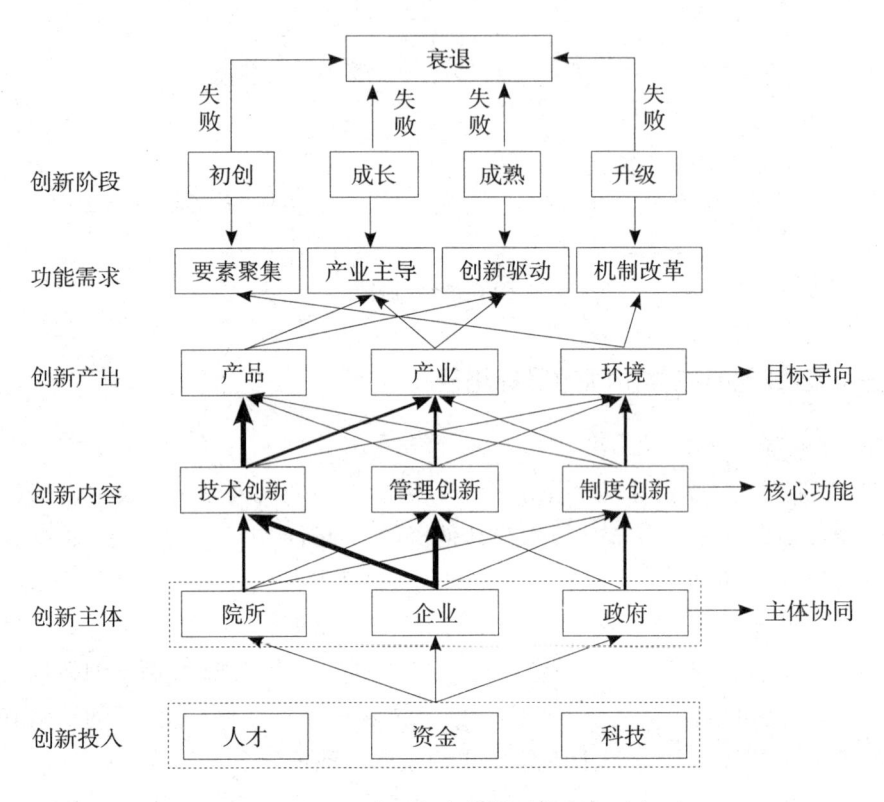

图 6-15 区域创新主体协同的目标路径

2. 产品创新导向路径

(1) 需求拉动式产品创新

随着社会的发展,人们的需求也越来越高,为了满足这些需求并获得相应的利益,区域创新主体会进行专门的市场调查,分析其发展前景以及带来的利润大小。如果是可行的,主体会根据这个需求构思相应的产品功能,实现这个产品所需的科学技术和人才资源等。对于创造出的研究成果进行测试检验是否合格,然后广泛宣传推向市场。

在需求驱动型产品创新过程中,大多数企业具有一定的创新能力,可以完成部分产品开发，但也需要依靠相关的学院的创新能力才有可能实现产品创新，还取决于研究机构和公司之间在技术创新方面的合作。同时，产品创新是基于市场需求，还有两个辅助任务：产品创新前的市场分析和产品创新后的商业化。目前，企业管理创新功能往往起着重要的支撑作用。一方面，企业是最靠近市场的组织，具有很高的赢得市场需求的能力，并且能够准确地确定产品设计的方向。另一方面，公司在市场预测、细分、定位方面拥有丰富的经验，并且可以轻松实现业务。如果公司或机构开发的产品在经济和社会利益方面优越，政府将给予一定的优惠政策，以实现体制创新功能。

（2）技术推动式产品创新

以技术创新为核心并以产品创新为导向的方法是通过研究，开发和生产科学技术以及最终产品在市场上的开发来实现售后市场的过程。技术驱动的产品创新不是市场调查和分析的主题。由于创新和改进鼓励了新产品的出现，这种模式在大多数情况下与实验室创新法是一致的。但是，在学院开发新产品后，由于市场管理不足，他们将无法宣传产品。他们经常寻求具有丰富市场经验的公司的支持，共同完成创新产品的商业化，这将成为一个重要的创新机构。在企业管理创新援助的过程中，如果学院开发的产品在经济和社会利益上优越，政府将提供一定的优惠政策来实现制度创新功能。

3.产业创新导向路径

由于社会发展的推动，生活需求的提高，创新的方法大致可以分为三类：一是引进吸收再创新，就是借鉴其他的创新方法并结合自己的情况完成再次创新的过程，一般发生在产业转移的阶段；二是集成创新，就是与其他创新方法相结合，一般发生在产业结合的阶段；三是原始创新，即在原有创新的基础之上再次创新，一般发生在产业突破自我的阶段，如表6-4所示。

表6-4 产业创新导向路径

路径	对应阶段	主导主体	参与主体
引进消化吸收再创新	承接产业转移	企业运用技术创新能力消化吸收再创新	院所辅助企业技术消化吸收、政府出台招商引资政策等
集成创新	促进产业集群	企业运用管理创新和技术创新能力集成创新	院所辅助企业技术集成、政府出台推动产业集群政策
原始创新	推动产业突破	企业运用技术创新能力原始创新	院所辅助企业自主创新、政府扶持产业升级改造和战略性新兴产业等

通过知识共享，建立区域创新体系，创建技术平台，商业联盟等，主体之间相互配合，形成竞争力、伙伴关系，共享人才、资本、技术等资源，创新过程中优化配置其他投入要素，在组织区域创新主体领先的创新领域和当地产业发生在承接产业交付阶段的其他领域时，企业将起到主导作用，我们需要充分展示技术创新能力，启动引进再创新的产业技术。同时，自身技术优势的研究机构将辅助企业对产业技术进行彻底消化吸收，而政府应制定招商引资优惠政策，为承接产业转移提供政策上便利。我们将支持企业的需求，在当地产业处于产业集群阶段的情况下，随着企业集团创造一个全面创新的产业，集团公司内部的创新力量，产业集群创新分工与合作管理的动员利用创新能力来提高经济规模效益，研究机构、政府将共同支持企业完成产业创新的整合。如果区域产业集群已经规模化，可能需要增加研究经费以完成增加科研经费，开发新技术和促进新产业创造的必要技能。有必要打破需要改进的瓶颈工业升级，同时，与开发新技术的公司合作，振兴创新能力的基础技术优势，政府加大对产业升级和转型工作的支持力度，这是一项重要战略，必须得到新兴产业的支持。

4.环境创新导向路径

区域创新过程中的环境创新分为两种：一种是软环境创新，其中包括基础设施环境和创新资源环境；另一种是硬环境创新，其中包括政策制度环境和社会文化环境。两种创新环境相互结合共同促进区域创新的工作效率。

（1）软环境创新

软环境创新是基于政府体制的创新功能和完成区域性法规、体系和文化的过程，与政府、企业和机构的管理创新功能相辅相成。政府将创造区域创新环境，有效激发区域创新活力，制定相关政策法规，建立健全科学有效的招聘培养机制，尊重和追求创新，尊重竞争。公司、事业单位根据政府规定和实际情况，制定适合独特创新发展的管理制度，最终形成政府、企业和事业单位创建的区域创新软件环境体系。

（2）硬环境创新

硬环境创新是以政府主导的地区和环境建设过程为基础，主动发挥行政体制的创新作用，充分保障人员和固定数量的基础设施建设，提供技术创新支持。例如，为加快研发基础设施建设，政府应为主导产业提供创新服务，推动资源共享基础设施建设，支持整合创新资源的研发基地。建立科技专家数据库、科技成果数据库、专利数据库、自然科技资源数据库、技术标准数据库等基础数据库，为企事业单位提供公共服务，加速创新、改革建设。政府利用大学科技园，企业孵化器，生产力提升中心和技术产权交易机构建立连接技术和市场的变革基础。

　　本章主要介绍区域创新组织的合作路径。对于组织的路径，区域创新实体合作可以采取实体组织联盟和虚拟组织联盟的形式，进一步细化实体组织联盟，推动合作研究机构建设，促进项目合作。在合作过程中我们体验三个阶段：松散创新联盟，紧密合作创新联盟，全面合作创新联盟。在这一过程中，区域创新合作伙伴经历了五个阶段：联系/沟通，竞争/冲突，合作，整合，协同。就目标路径而言，区域创新实体形成了三个主要目标路径：产品创新导向、产业创新导向和环境创新导向。

第五节　区域创新主体协同机制

一、区域创新主体协同的动力机制

（一）内部动力因素

1. 利益驱动力

　　公司和学校增加经济效益而政府着眼于实现社会效益，但除非个人利润得到满足，否则联合创新将不会进行。作为利润企业利益的主要目标，由于协同创新超出了对现有企业市场利润的期望以及获取市场，我们将加快协同创新行动的业务。协同创新加速产业创新，学校将商业技术成果推向主要兴趣目标协同创新扩大区域经济规模并提高区域经济的质量和速度，推动当地社区发展并加强政府裁决的支持性协作。创新党为主要关注的目标，是政府的区域经济和社会发展，政府定位协作创新、制度激励以提高党的利益。在企业、事业单位、政府创新、创新企业联合进程中利用科研院所获得新的市场效益，机构将会配合更多的需求，市场经验，获得一线市场的需求信息，使用技术产品开发推动技术成果商品化，可以与企业合作，利用政府资金、机构和政策鼓励企业创新行为，指导企业产生创新。企业、科研院所反过来会促进原区域经济社会发展、产业化创新。公司、金融机构、政府官员可以从协同创新过程的角度来获取他们的利益需求，但也会影响驱动分配过程的利润程度，公平分配协作创新将是企业、政府和机构的合作的基础。

2. 功能势差力

　　在接受了一系列区域创新环节后，推动了机构、人才、技术、资金投入以及技术创新、管理创新、制度创新、产品创新、产业创新、环境创新和企业、政府等各方面的发挥、改变。如果主要功能层次之间的差距小，则三方合作空间小，缺乏合作力量，相反，在一定范围内，相互配合，层次主要功能较大，则合作的动力强大。因此，共同创新的可能性在两者之间存在差距，主体之间的功能潜力越大，区域创新合作伙伴就越有动力进行合作。基于技术创新和管理创新，企业、政府、研究机构的核心职能有偏差，有利于创新和应用技术的发展。管理创新偏向于有利于其核心职能，管理，技术核心方面，政府职能主要偏向于进行宏观经济政策调控；学院的创新以技术创新为主，且偏向于有利于实验研究基地。在创新的协作过程中，企业、政府、机构各自具有所擅长功能方面的专业区域，三个主体通过这种方式最大限度地发挥三者的效率功能，相互促进、创新，进而实现利益的最大化。

3. 资源互补力

我们需要广泛的人力资源、财力、金融资源，来对产品创新，产业创新，环境创新，此外还需要管理技能，技术能力，制度能力等来辅助，单靠个人的能力难以整合区域创新，必须走资源整合的道路。公司是最接近市场的主体，它们拥有丰富的市场资源，在商业技术开发方面具有一定的优势，基础研究和应用开发能力强，以及具有培养人才的能力。政府可以提供充足的财政支持和宏观调控政策，并辅以财政和行政措施。在区域创新体系中，企业、政府和事业单位交换重要资源，即信息资源、技术资源、资金资源、市场资源等形成政府、行业、科研资源的协调网络，并享受其他利益提高区域创新体系的整体效率，促进有效的资源配置。

（二）外部动力因素

1. 市场需求力

市场创新是区域创新合作伙伴必须面对的挑战，也是区域创新成果的商业化目标，并保证区域创新主体将获得经济利益。如果主体的方向不能满足技术创新和市场的共同需求，我们会因资金不足而逐步停止，永远不会获得经济保障。同时，随着对同一细分市场的需求越来越个性化，当今的市场需求依赖于质量和服务更多元化的类别，过去对市场和区域创新机构的强劲需求，意味着很难满足需求的市场份额，这是间接促进区域创新组织合作促进公司合作机会扩大的动力之一。机构有创新能力，但在许多情况下无法准确把握。由于机构，最接近企业市场，掌握市场上的直接信息，但不能创造出新产品，缺乏有效的技术开发力量，不能满足市场的新要求，直接导致了产品商业化失败。在面对日益变化的市场需求的企事业单位的合作开发创新产品的情况下，作为市场的宏观调控，政府不直接参与市场，而是通过政策监管等行政手段，避免产能过剩，满足市场需求，指导企业和研究机构合理工业化。

2. 竞争压迫力

随着科技的发展，社会竞争力越来越强，如果想要站稳脚跟就必须寻求和其他主体的合作，共享科技、人才和资金等资源建立以科学技术聚合、突破创新为目的的工业园区。像硅谷、班加罗尔等地方就成功建立了创新型的科技园区，于是激励着世界各地纷纷崛起去迎接全球市场的激烈竞争。为了取得胜利，企业、政府和学校相互协作共同抵抗外部的压力，在竞争中相互支持共同努力挑战不可能的任务。在创新主体协同过程中，逐渐加深彼此的合作，在已有经验的基础之上将我们的科研推向一个更高水平，也在一定程度上提高各主体之间的竞争实力。

3. 环境推动力

创新环境一般分为软创新环境和硬创新环境，良好的硬创新环境可以为创新主体提供技术平台、数据库资源、科研机构等基础资源环境，而良好的软创新环境可以为创新主体提供有效的管理政策、法律支持、文化方向等关键资源环境。在这种良好的创新环境下会激发主体创新的动力，也会使主体之间的合作越来越默契，取得更高的成果。

（三）动力机制构建

区域创新体系，通过主体性、复杂的开放体系、原始要素、内部资源和主要创新的结合，受内外力量的协同驱动，互助合作博弈异物，其容量、信息达到了最终调整和整合的格局。从动力角度来看，促成政府、企业和学校三方相互合作的主要契机来自对自身需求的满足，以及应对社会中激烈的竞争力，企业、政府、科研院所的内部能力，资源和外部需求，竞争，环境诱导等主要形成和发展方向上符合当地内部创新协同效应的利益。利益、能力和资源共同追求与主要合作方的合作，这是合作产生的重要动力来源，如图 6-16 所示，它是一个重要的外部动力。在创新过程中，我们应妥善处理好内外动力的关系，更高效地进行创新活动。而为了维持这种关系建立了相应的机制，主要包含三个方面：一是建立聚集机制，有效地将主体进行结合；二是借鉴机制，主体之间相互分享；三是建立避力机制，避免外部的阻力。

1. 聚力机制

虽然区域创新、代理合作有很多刺激因素，但如何整合内外部力量是区域创新发展的难点。从各区域创新实体功能定位的角度来看，地方环境创新实体的三种内部协同效应，功能潜力差异和区域创新实体偏向微观环境，两大问题的关系相对较大,三个市场驱动因素竞争加剧,环境促进因素偏向宏观环境,与政府的关系更加强硬,合理引领宏观需求,准确评估区域竞争态势,推动所在区域基础设施和创新文化建设,为区域创新主体协同发展奠定外部动力基础。同时,公司和实验室正在寻找潜在的创新产品和项目,充分利用各自核心的优势和能力,为整合各自的资源、利益、功能等共同努力。

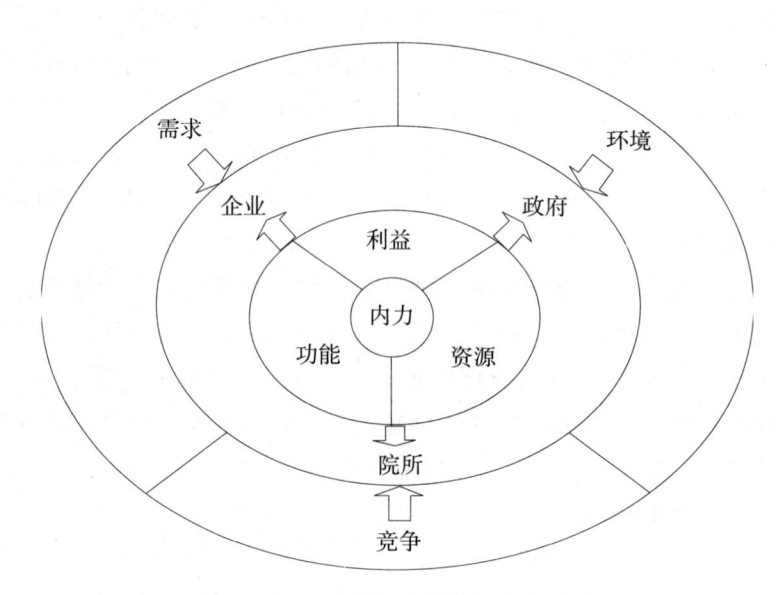

图 6-16 区域创新主体协同内外动力

2. 借力机制

对于区域创新实践的发展,一些创新型企业存在盲目创新,但根本原因是由于内部因素和外部因素不合理等造成的。一些地方政府正在创新,创造一个良好的创新环境,使本地公司和机构合理使用功能潜力和补充资源,以实现一个前景光明的联合创新项目,但这些项目却很难完成。在协同合作过程中,区域创新者可以利用资源的互补性来弥补企业与实验室之间的功能潜在差异,政府创造的环境驱动力将会发挥作用。当这些主体没有起到作用时可以借用利润驱动力和市场需求力来指导企业和实验室的合作。

3. 避力机制

在区域创新发展的实践过程中,有两种比较典型的创新现象:首先,科学研究部门由于缺乏市场调查,导致了大量的科技成果不能被市场所利用;其次,企业与学校、科研机构之间没有相互的信任,导致技术知识不能在二者之间相互传播，对区域间的创新合作是一种不利的阻碍效应，其中第一个是技术应用阻力，后者是技术交流阻力。区域创新联盟的引入将最大限度地避免上述两个障碍，并提供各种动态支持。

二、区域创新主体协同的运行机制

区域创新组织的合作是系统运行的一个非常复杂的过程。其经营环境属于全部区域创新体系。除区域创新机构外，还与区域创新贡献、区域创新发布和区域创新投入/产出相关。一般而言，区域创新组织的合作将包括四个主要的运行系统：在组织自身协调层面，监督实体转型的主导机制；在主观联合投入层面，有必要对影响因素进行整合的机制进行监测；在主观团队合作的层面上，有必要监督生产的外向型机制；在主体的输入和输出层面，有必要监控环路反馈机制，如图6-17所示。

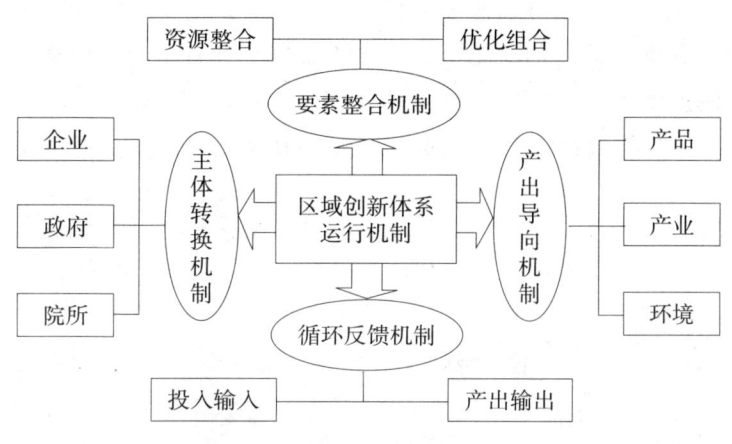

图 6-17 区域创新体系运行机制

1. 要素整合机制

这个想法是要素整合处理所有区域创新系统等通过耦合元件区域创新系统由主体发起交互和穿透元件的连接系统，形成了合理的相关结构，然后达到最大的系统功能和效率的变化。在区域创新组织的合作过程中整合的因素主要集中在相关的资源和企业，政府和机构的需求，以及用于挖掘、兼并和转换物体之间的优化配置闲置资源或资源的转让使用合同或主剂的做法。重新组织，在区域创新合作伙伴协调中引入创新要素，动态调控，相互补充和相互作用，以确保聚合启动的整体效果。从联合战略的角度来看，阶段一体化是区域创新主体与资源优化配置的共同决策。这是基于协调目标和主体需求的二次资源分配，以争取尽可能低的资源和最大限度地提高团队合作效率。区域创新组织之间的合作需要同步整合创新要素。缺乏资源或冗余将影响主体的工作。总的来说,区域创新结构过程中要素的整合可以分为纵向一体化和横向一体化两大类,主要是区域创新体的投入要素与内容要素的整合。

创新要素的垂直整合通常是指同时优化,并从不同的子系统创新,从基金会和输入子系统得到相关的技术,控制系统和子系统创新内容的技术补充,相辅相成。纵向要素与区域创新组织的合作主要基于创新投入要素和创新内容要素的结合。人才和资本创新的投入要素可以从三大主体企业、政府和机构中去择优选择,也可以从三个主要企业的管理和制度创新的内容中选择。技术投入要素和技术创新要素可以从企业、高校机构的两个主体中选择,从而获得创新投入和管理的人才、资金、技术子系统,系统和技术创新的内容子系统共有以下方案,如图6-18所示。

打个比方说,当互相协调地创造和开发产品时,需要区域创新主体准备充足的资源,并且具备优秀的创新能力。首要的是需要拥有企业管理能力、院校技术能力、政府制度能力。其次可以整合具有企业人才、院校技术、政府资金的创新投入资源。从而在区域创新主体协同过程中共同形成纵向要素的整合。

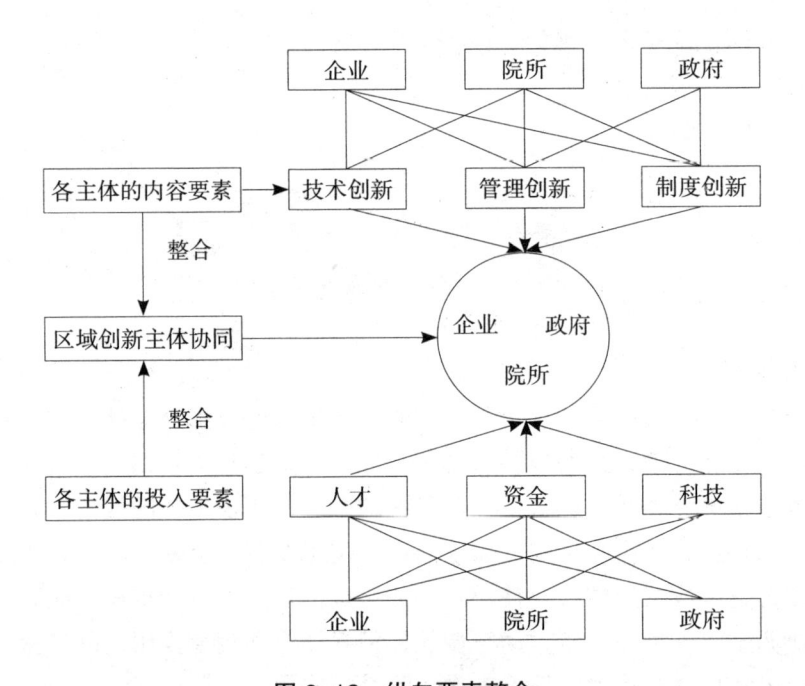

图6-18 纵向要素整合

区域创新主体在企业、政府、院所中某一具体要素上的相互拓展、优势互补，例如人才、技术、资金、管理、制度这些要素。这是创新要素横向整合的主要体现。对应着来说，在院所、企业、政府这三个主体中能够选择出资金、制度、人才管理这些内容和要素，但是技术这一方面的要素和内容，却仅可以在院所、企业中选择。譬如在资金上，在院所创新成果的这一过程中，需要利用自身的资金来保证日常的创新开支，也可以在开发前和推广时，分别利用具有财政资金支持的政府和拥有商业支持的企业。

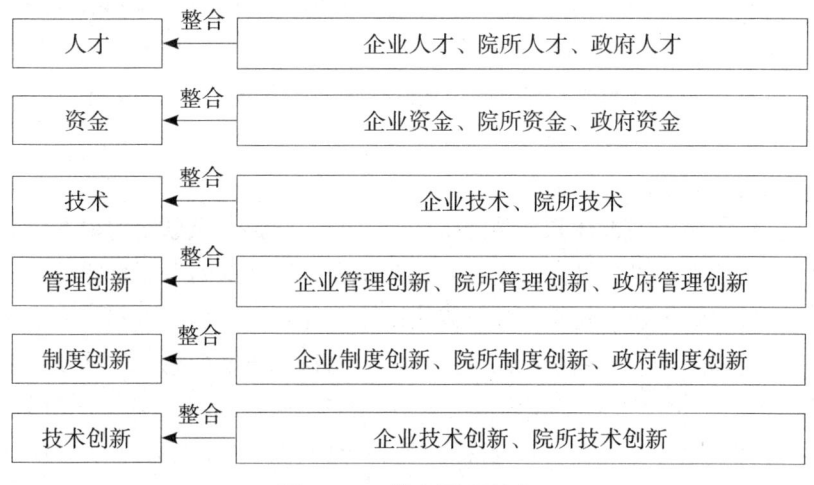

```
人才    ←整合── 企业人才、院所人才、政府人才
资金    ←整合── 企业资金、院所资金、政府资金
技术    ←整合── 企业技术、院所技术
管理创新 ←整合── 企业管理创新、院所管理创新、政府管理创新
制度创新 ←整合── 企业制度创新、院所制度创新、政府制度创新
技术创新 ←整合── 企业技术创新、院所技术创新
```

图 6-19　横向要素整合

2. 主体之间的转换机制

政府、企业和院所这三个主体，在区域主体协同中拥有不一样的行为性质，这也决定了它们具有不同的功能属性。技术创新核心功能三者都拥有，只有企业具备管理创新的核心功能，政府和院所具备管理创新的辅助功能，企业和院所具备制度创新的辅助功能。

三者功能的属性存在差异，使它们在区域创新主体协同上，扮演不同的角色，起到不同的作用。依据生命周期理论，随着区域的创新发展产生初创、成长、成熟、升级或衰退这四个阶段，在这四个阶段中，企业、政府、院所这三者缺一不可，只有三者合作才可完成。这三者在这四个阶段中，会发挥不同的作用，重要程度也会发生变化。主体可分为主导协同主体和参与协同主体，区域创新主体之间的协同方式划分为单主体主导型及双主体主导型。

占据主要且引导地位的主体在区域创新主体的初创阶段和成熟阶段都存在。

大致上发挥区域创新主体之间的协同效果由其功能发挥的好坏决定。而占区域创新主导地位的主体，主要是由区域创新阶段的功能需求和区域创新主体所能发挥的核心功能所决定。区域创新在要素凝聚、产业主导、创新驱动、机制改革这一系列过程中，它各个阶段的功能需求是不断变化的，这就需要区域创新主体协同也不断变化。而发挥作用的关键是区域创新中占主导地位的主体，所以要想达到区域创新发展可持续化，只能随着阶段的变化来变换协同中的主体。

根据前文区域创新分为初创阶段、成长阶段、成熟阶段和升级阶段。政府在区域创新的初级阶段以及升级阶段作为主导主体，而企业、院所作为参与主体；当区域创新处于成长阶段时，转变为以企业为主导主体，政府、院所为参与主体的局面；在成熟阶段，转化为院所、企业占主导地位的主体，政府为参与主体的局面。由此才可以达到各个阶段的协同局面。

3. 产出导向机制

区域创新竞争力的提高和区域经济的可持续发展是区域创新的根本目的。为了更好地使创业产出效果更具体、更有效，并且为区域创新的发展奠定良好基础，要求在协同的过程中企业、政府、院所遵循以产出为导向的运行机制。在本文中已经提出了三大目标路径，分别是产品创新、产业创新、环境创新。区域创新主体围绕这三大目标路径，可以根据其制定具有创新内容和创新投入的产出导向机制。

当企业在创新投入上以三大目标路径为导向时，为了更好地吸收具有创新能力的人才，应当创造良好的工作环境、为其提供优厚的福利待遇。为提高企业技术创新水平，企业可以利用每年按一定比例分配的利润资金，也可以利用技术专利；政府应从区域外引进技术，在安居、奖励等方面对创新型人才实施优惠，并进行创新方面的基金扶持和奖励。院所应肩负起培养人才的重任，为更好地吸引人才，积极创造良好的科研环境，提供优越的技术平台和良好的待遇，同时积极筹备科研费用，不断地吸收国外优良的技术，并且不断地研发具备知识产权的新技术。如表 6-5 所示。

表 6-5 在产出导向机制下创新的投入

	企业	政府	院所
人才	良好工作环境吸引人才 高福利待遇吸引人才	完善人才安居政策 设立人才创新奖励政策	高福利吸引人才 高素质培养人才
资金	持续充足的科研投入	设立产品创新奖励	持续筹集项目经费

续　表

	企业	政府	院所
技术	购买技术专利	加大引进技术力度	消化吸收外来技术 开拓具有知识产权的新技术

在创新的内容方面，当以产业、环境、产品三个大方面的创新为指导方向时，企业需要在组织框架中建立拥有重要职能地位的技术研发部门，制度上运用更灵活的方法，减弱局限性并且更好地激励创新，在管理方面让员工们拥有更多的自主权利，创造良好的创新环境；政府需要在区域内推崇创新的价值观和文化，并且鼓励创新，让人们不畏惧创新失败；院所需要鼓励企业用技术类别分部门，提倡企业技术方面的创新，以此促进技术的发展。鼓励企业在管理上建立项目团队，并让每个团队负责任，在制度上鼓励技术的入股，从而获得技术得来的效益分红等，如表6-6所示。

表6-6　产出导向机制下的创新内容

	企业	政府	院所
技术创新	设立技术研发部门	—	按技术类别设立部门
管理创新	营造创新工作氛围	营造创新文化	实行项目团队负责制
制度创新	灵活制定企业规章	制定扶持创新的优惠政策	推动技术入股、分红

4.循环反馈机制

区域创新主体相互协同的循环反馈机制包括两个方面的意思，第一个方面是指反馈，是指区域创新主体协同产出的结果对投入产出的作用；第二个方面是指循环，也指区域创新主体协同产出和投入共同形成了一种循环反馈机制，形象地来说是一种环形回路，也就是与开路或开环相对而言的闭环或闭路。

反馈包括正反馈和负反馈，正反馈具有产生使协同加强的特征，即对于区域在人才、资金和技术上创新的投入将由三大目标路径的成功实施来促进；负反馈拥有使协同产生弱化的特征，与正反馈正好相反，它将使区域在人才、资金和技术上的创新投入减少。正反馈有利于良性循环地进行，使反馈回路的不良现象减少，并使区域创新主体的协同更加顺利地进行；否则负反馈会产生恶性的循环，使反馈回路更加快速地恶化，从而增加区域创新主体协同的障碍。

循环必然会产生良性和恶性两种循环，从输入和输出上会发现，良性的循环是区域创新输出产业、产品、环境并且达到预期的目标，获得了经济和社会效益，并且在资金、人才、技术上出现盈余，实现资金的积累，为区域创新的输入，为区域创新产生新一次主体协同回路，和以后不断地积累和转换，创造了有利条件。相反，恶性循环是指区域创新中输出的环境、产品、产业没有达到预期的目标，出现输入多但输出少的现象，并且没有实现资金、人才和技术上的积累，所以不能不断地输入区域创新，使区域创新主体间的协同运作不顺畅，如此反复最终导致区域创新主体协同瓦解，如图6-20所示。

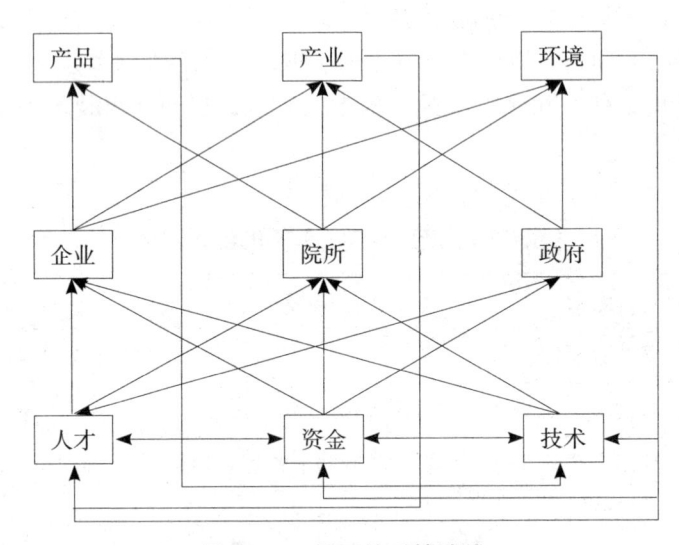

图6-20 循环的反馈路线

三、区域创新主体协同的管理机制

1. 分工协调机制

分工协调伴随着区域创新主体协同的整个过程，按行为发生的顺序，可将分工协调分为选择、分工和协调三个过程。选择是区域创新主体协同的前提条件，良好的选择机制对于区域创新主体协同来说是不可缺少的；分工是区域创新主体协同的基础条件，它对优化区域创新体系资源的配置有益处；协调可以修正区域创新主体的协同活动，它对区域创新主体向创新目标迈进具有促进作用。

创新主体之间优势的互相补充，功能的相互融合是选择机制的原则所在，这一原则为区域创新主体之间的综合利益做了考虑，为协同主体的规则和程序做了科学而准确的规划。当协同主体的对象为企业时，主要顾及企业的四个能力：市场营销、研发、资源和核心方面的能力，还要求企业协同创新的意愿，并了解其财务状况、诚信和企业文化；当协同主体的对象为院所时，主要顾及院所在技术上的特征，科技上占优势的资源，拥有的科研成果，科技创新团队及其研发现状，产学研联盟的科研效果、科研经历和其技术上的支持程度等；在协同主体的对象为政府时，主要顾及在创新人才政策、创新基金及奖励等方面，政府对创新活动的支持意愿和强度。

分工机制是指按权利与义务相互统一的原则，科学合理地对区域创新主体的各个方面进行规划。企业、政府和院所具有的核心功能不同，企业的核心是技术和管理创新功能，院所的核心是技术创新功能，政府的核心是制度创新功能，所以它们三者应该互相配合，充分利用。运用企业透彻地观察市场的能力，使协同技术成果实现商业价值，并且运用院所的研究信息和具有前瞻性的研究动态，为创新成果的提高和协同创新时间的缩短提供良好的基础，同时政府应该在协同创新上进行宏观指导和调控，运用财政进行支撑。

协调机制为搞好主体间的协同规划，利用比较少的协调费用来保障主体间协同高效运行，使主体各方面的工作进度和方式、责任、权力、利益得到协调，使主体各方面的文化更好地整合，找寻多个方面最好的契合点，探索到使区域创新主体间协同经营效率提高的方法。区域创新主体间的协调机制可以具体地从四个方面开展：第一个方面是，创建信息定期披露的制度，使区域创新的相关信息及时准确地披露，使主体间信任感加强；第二个方面是，使创新主体间的协同运行效率提高；第三个方面是，制定共同参与调整和规划协同的制度，让协同战略的建立与调整规划具有客观性与科学性；第四个方面是，为更好地规范主体和其全体员工的行为，建立良好的鼓励与约束机制。

2. 利益分配机制

区域创新主体在协同中，由于各方不同的投入，创新收益理所应当不同，所以创新产出中的产品、产业和环境的价值必须要进行衡量，各个主体间创新产出的贡献也要进行判断，同时要利用相对应的利益分配机制来创立主体间的分配机制。

区域创新主体在协同实践时，主要用固定报酬、利益共享和混合支付这三种模式来分配利益。第一种模式是企业、政府和院所事先约定好用合作总收益支付固定的报酬，并且承担创新任务和风险。处于固定报酬的模式，不仅能够一次性付清，还能够分期付清。第二种模式是企业、政府和院所按一定的比例在合作的总收益中取得自己应该取得的收益。这种分配模式还可以细分为通过产值利润、产值和销售额提成分配。混合支付模式是指区域创新转让合同的受让方和受让方之间的支付模式，前者先支付一定的入门费给后者，然后再用提成支付的方式支付给后者。混合支付模式实际上是利益共享模式和固定报酬模式的结合，它先让合同的受让方交一定金额的入门费，一些合作方能从区域创新主体协同的总收益中得到固定报酬并且取得分成，这一模式拥有很强的实用性，一些合作方通过其可以把政府、企业和院所的利益交织在一起，并且使固定报酬模式的资金压力得以避免。

区域创新各个主体利用它们的管理、技术、制度创新的能力，共同创造出一定的成果，这些区域创新的成果，通过市场认同实现价值创造转换成生产力。但是最后的产出利益不仅仅指直接的经济价值，还指众多无形资产：管理的经验、品牌的商标、市场的占有率、创新型人才、创新性文化等。利益共享模式、固定报酬模式和混合支付模式是经常用到的利益支付模式，尽管这三种混合支付方式在一定程度上保障了各方利益的公平分配，但因为知识的量化是十分复杂的问题，所以为了让利益分配机制更加完善，可以利用专利、版权、股权、期权等收益分配方式。

3.资源共享机制

资源的有效配置可以有效地推动经济和社会的发展，其中有效地对区域创新资源进行配置可以有力地推动区域创新的发展，实现区域创新资源高效配置，运用资源整合和共享机制是必不可少的。区域创新资源整合和共享机制有效地运用了市场对资源配置的作用，让主体有意识地设计与培养创新机制和环境，更加高效率地整合区域内不同的创新资源，还利用系统性的创新力量来提高创新的效果。共享和整合是指共同完善和补充，和兼并或合并不一样，它不但可以充分利用创新主体的自有资源，而且可以相互补充各方的资源，最终实现区域创新主体的共赢，并且产生更强大的创新力量，使合作高效、资源共享。创新的人力、财力、信息和物力资源这四大部分是区域创新资源整合的客体。居于中心地位的是创新人力资源要素，因为其最具有创造性和能动性；创新财力资源要素在创新活动中是不可缺少的资源要素，并可以为其提供财力方面的支持；为创新人力资源要素提供具备知识形态的信息资源的是创新信息资源，进而支撑创新活动的顺利进行。创新物力资源要素提供科研所需的物质资源，给创新活动提供硬件基础。市场经济制度在我国不断完善，需要政府指导区域创新资源的整合与共享，也必须在市场经济规律下不断调整市场。区域创新资源的整合与共享过程中会形成自组织机制，但必须在有效的文化与制度引导规范下这种自组织机制才能不断完善发展，否则在创新活动外部性的特征下，会产生市场失灵的现象；政府相关政策有利于创新活动的有序进行，并对其起到了规范、引导作用，有效的政策供给对创新活动的发展方向起到了决定性的作用，要为创新活动创造良好的环境，并在行为方式和价值观等方面规范和引导创新人力资源要素，这有利于创新活动的顺利进行。相关政策是在指导创新资源整合与分享过程中不断发展完善的，并且共享文化和社会合作会起引导作用，潜移默化地影响创新资源的整合与共享。

4. 风险控制机制

采取风险管理是克服创新主体间协同的高风险和高复杂的关键之一，从而使合作达到预定目标。风险管理是以最少成本获得最大安全保障的一种创新管理活动。它指主体利用识别、评估风险的方法，通过合适的技术和经济手段对风险所致的损失后果进行稳当的处理并对风险有效控制。风险管理的目标主要有三个主要过程，包括风险评估、风险控制和风险识别。它的主要目标是用最小的成本取得最大的安全保障。

风险识别是整个风险管理工作的基础和首要环节，指区域创新主体在协同过程中系统地、连续地认识、辨别和归类即将面对并且客观存在的各种风险关系的过程。区域创新主体协同的风险既有可能是由于有限的主体功能和主体间复杂的协同关系，又可能是因为不确定的外部环境。内部风险在不同阶段特点不相同，在协同沟通／接触阶段主要包括工作伙伴选择错误的风险、机会识别错误的风险和沟通协调的风险等；主体的退出和投入资源的风险是协同竞争阶段的主要风险；时间、质量和合作选择错误模式的风险是协同合作阶段的主要风险；知识共享和文化相融合的风险是整合阶段的主要风险；利益分配和技术转移的风险是协同阶段的主要风险。政策、经济、自然、市场、社会文化和法律环境的风险是外部的主要风险。区域创新主体的各个主体对风险估计评价的结合过程，以及量化并分析风险事件带来损失的可能性的过程便是风险评估。风险评估有两种基本的方法：第一种是在绝对的风险评估的前提下找到风险不能控程度的变异方法，其不能控程度、发生概率、可能造成的损失这三个的乘积等同于风险；另一种是发生概率与可能造成的损失之乘积等同于风险的绝对风险评估方法。

风险控制是防止风险发生的过程，是区域创新主体在协同过程中面对风险评估与风险识别后的风险所采取的相应手段。区域创新主体协同是一种具有探索性和创造性，并且有关技术经济的活动，所以风险是不可避免的，那么政府、企业和院所需要主动并且及时地应对风险、规避风险。这就要求树立风险共担的风险意识,还要树立风险与利益对等的观念,同时企业、政府、院所应运用建立和利用正式的契约、质量标准、管理制度和知识产权安排等方式,正式地运用制度规范或安排主体间的创新风险、创新收益、创新投入等。利用这种方式能够加强主体参与创新的利益激励,提高其机会主义行为的实施成本。企业、政府和院所还应建立正式风险控制机制。

　　本章主要讲述的是区域创新主体协同机制。主要有动力机制、管理机制和运行机制,这三者会在区域创新主体协同过程中形成不同的机制。避力、聚力和借力机制会在动力机制中形成,主体转换、循环反馈、产出导向和要素机制会在运行机制中形成,风险控制、利益分配、资源共享和分工协调机制会在管理机制中形成,内在的功能势差力、资源互补力、利益驱动力,还有外部的环境推动力、市场需求力,区域创新主体协同会在动力机制方面面临这些。

第七章　技术创新促进区域经济增长的机理分析

本章将从企业层面和区域层面两个方面,为产生对区域技术创新推动经济增长问题更深刻的认知,探究区域技术创新对经济增长产生作用的内在机理。

第一节　技术创新促进区域经济增长的机理概述

对于区域的经济发展和竞争力来说,区域技术创新的强弱是衡量它的重要标准,这个标准还对区域经济的发展和竞争起决定性的作用。区域技术创新促进经济增长问题的研究还有待于进一步深入。因为已有的理论对于区域技术的创新来促进经济增长的具体方法和内在机理缺乏深刻认识。

要想明白区域技术创新是如何对经济增长发挥作用的,要从计量经济学的角度和理论上研究其作用机理并进行实证。这样才可以明确并且完整地把握这个问题。所以本章将展开对区域技术创新促进经济增长的作用机理的讨论。

一、对区域技术创新促进经济增长机理的相关文献的评述

熊彼特是最早研究技术创新的,他研究过技术创新促进经济增长的机理问题这一命题,他没有直接解答这个命题,他的论述主要偏重探讨资本主义经济周期与技术创新。

后来,20世纪80年代中后期产生了侧重于将知识和技术等要素内生化的内生增长理论,这一理论的代表作家罗默、卢卡斯等人在一系列严格假设条件下,构建了许多用来理解人力资本、知识等要素对经济增长作用的机理问题的模型。却由于内生增长理论大致上与区域层面的技术创新问题无关,所以也没有直接答出区域技术创新推动经济增长机理这个命题。

国内学者范柏乃认为技术的创新主要是利用使产业结构更加优化、企业核心

竞争力提高、烫平经济危机周期、增加产品技术含量等方法来促进经济的增长。在这一过程当中，生产要素和经济增长的质量提高是技术创新的主要标志和直接结果。范柏乃的技术创新促进经济增长这一作用机理可以用图7-1来概括。

图 7-1 范柏乃的技术创新推进经济增长作用原理的示意图

他对技术创新解释了促进经济增长的机理，他的论证很充分，让人敬佩，然而区域层面他的论述没有提到，所以没有办法解释这一机理。

王瑾区域技术创新促进经济增长的机理做了研究，得出技术"长人"区域经济的过程是技术创新，技术创新对区域特色经济起到了增强和巩固的作用，并且是推动区域产业结构转换的核心动因。由于王瑾的文章篇幅比较短，只是从技术创新对区域主导产业、区域产业结构方面的作用来阐述这一机理，经济增长的其他关键因素像经济增长方式、成本等会由区域技术创新的问题并没有展开论述。因此，有必要进一步在这方面加强研究。

二、本文论述推动经济增长机理由区域技术创新影响的总体构想

区域技术创新对经济增长的作用如果简单地概括，那下面图片便比较好地囊括了这个作用。

图7-2当中，某一区域所生产的简化过的两种产品是X和Y，生产可能性曲线是AB线。AB线上有着产出水平和产出组合（这是没有技术创新条件下，用全部可用的资源生产出来的）但是，技术创新后，总产出增加，AB线将移动到CD。这说明，区域技术的创新是促进经济增长的一个因素。当图中的产出结构从E点移动到F点，随着区域技术创新的推动下经济得到增长，经济结构也会发生变化。

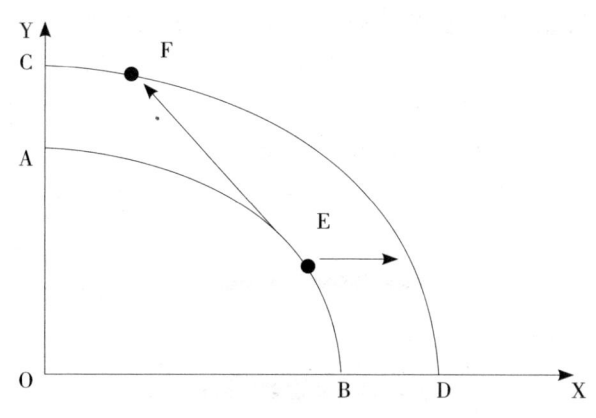

图 7-2　生产可能性在技术创新作用下的曲线

细心观察区域技术创新作用下产生的这个变化，其实这个变化是三种效应共同作用产生的。第一种是成本效应。因为要求利润最大的同时也是在要求成本最小，所以成本减少对提高企业竞争力十分重要。达到的单位产出成本的降低，需要用技术的创新来优化要素的组合和新资源代替旧资源等方法。第二种是品质效应。为企业产品品质与信誉的上升，运用技术创新来使产品更加多样并提高产品质量，从而满足消费者潜在的对产品多样化和高质量的需求。和原来的产品比较，创新后的新产品改善了其性能或质量，会增添消费者更多的信任，给其带来更高的效用。如此会产生品质效应，它直接影响着企业的竞争能力。第三种是结构效应。区域技术创新通过影响经济结构，使区域层面上的产业结构和经济增长发生变化。

在企业区域技术的创新下，企业上会出现品质和成本效应，区域上会出现结构效应。提高企业的市场占有率和竞争力得益于成本效应和品质效应；区域经济增长质量的上升、条件的变化、发展效率的增加和经济的稳定发展都是由于结构效应。结构效应会使经济发展得更加稳定，经济增长的质量上升，条件发生变化，使其发展的效率提高。

熊彼特提出了关于技术创新理论的一个重要的观点："技术创新是经济增长的源泉。"他认为技术创新可以推动经济波动的发展，即创新的出现会促进企业取得超额的利润，从而引起模仿，这又会引起创新的浪潮，让经济更快地走向高潮。当模仿占据企业的大多数后，创新浪潮就会消失，经济的发展也就停下来了。经济要想继续不停地发展，就一定要不停地创新。熊彼特的观点可以这样解释：个别企业先进行创新，然后获得成本与品质效应，从而使企业的竞争力得以提高；

然后社会上其他企业进行模仿和竞争，创新的发展促进增长方式与整个社会产业结构产生转变。这样使经济走向发展的高潮。在变化实现后创新活动便终止了，经济结构变得稳定，经济增长变得缓慢。明确区域技术创新推动经济增长，首先要认清成本效应、品质效应和结构效应这三大核心。事实上，在企业和区域层面上的结构效应、成本效应和品质效应相互联系，图7-3阐述了它们的联系。

图 7-3　区域技术创新推动经济增长机理三大核心之间的关系

图7-3中，通过区域创新的推动，企业区域层面上形成的结构效应，最后受成本和品质效应的影响。成本和品质效应是其微观上的基础和前提的条件。成本效应在产品生产过程中实现了新旧产品和生产方式的更替，让企业淘汰了耗能较高的产品、提高了要素投入中的知识含量。品质效应让产品多样化、使产品的质量提高，新产品一方面会使产品的结构产生变化，另一方面改变了新旧产品的结构，结构变化的不可变，使产业结构发生变化。此时，新产品品质效应的开发，微观方面使产业结构发生变化并且推动了产品结构的改善，使产品生产方式改进而且改变了经济的增长方式。因此，企业层面上的成本和品质效应将直接导致区域上结构效应的产生。结构效应是成本和品质效应在区域内的表现和定然结果。

第二节　创新主体：企业与政府的博弈

在市场中技术创新的主体除了企业，还有科研机构、个体研究者等。这项研究中，在市场上把企业作为技术创新的主体，是由于技术创新有特殊的运行机制，其运行的前提条件有两个：第一个是创新者在市场需求出现时，拥有相应的研发能力；第二个是有同行业者的竞争压力。在这个前提条件下，从长期来看企业创新的收益大于成本，所以企业一定选择创新。即长期来看企业创新将让其在竞争中获得更有利的地位，对应对市场的需求、争取市场份额、打击竞争对手都有利，对获得更多的商业利益也很有帮助。选择企业作为研究技术创新的主体，用来分析它对经济增长的影响更合适。企业比其他主体作为创新主体的创新动力更强，它的创新成果对生产部分的作用更具有针对性，有利于提升部门生产效率和全社会的生产效率。

另外一个方面，在市场中政府作为主体，能更为宏观地考虑技术创新推动区域经济发展，并且缺少企业的竞争。政府来推动某区域经济发展技术创新是"雪中送炭"式的手段：当某一区域处于区域经济发展的瓶颈阶段时，政府会利用技术创新让经济有突破性地增长，并运用相应的政策和资金支持来促进技术的研发。然而政府对于谋取高新技术的创新在中长期给区域经济带来的收益缺乏动力，若某一区域经济发展处在稳定期，政府行为短期性的特点会让政府增加现有资源的使用，用来促进经济持续增长。

研究技术创新，必须要注重企业与政府间的关系。政府有激励政策和限制性政策，前者对企业创新有正面的促进作用，尤其是经济发展变慢，甚至出现问题的时候，政府的正向政策和资金扶持会加强企业的创新动力、提高企业的创新速度并减少企业的创新风险，从而达成创新；后者则会削弱企业的创新动力、放慢其创新速度、加大其创新危险。

第三节 企业层面：区域技术创新促进经济增长的机理

一、企业层面机理的核心：成本效应与品质效应

熊彼特提到，企业家是创新活动的主体，但在特定区域内的企业家才可以是区域技术创新的主体。所以需要从区域里企业的技术创新，来认识区域技术创新对经济增长的机理。

企业家在创新上具有意识和能力，他们是在创新上单独地经营和生产商品，让企业家创新的前提是市场需求、占有率还有潜藏的垄断利润，利润最大化是企业的目标，而占有稀有的资源便能取得超额的利润，创新的成果就属于稀有的资源。取得专利的新发明便是唯一并且稀有的资源。这时拥有这个新发明的企业就可以获得具有垄断地位的利润。具有创新的垄断利润直接对企业竞争力有影响，它是企业进行创新的动力。在创新预期时垄断利润的激励下，企业家在生产实践中组合并且运用生产要素，从而提高企业的市场地位和市场占有率，为其提供有利的物质条件。在技术的相互模仿和扩散下，创新的垄断性和新产品的稀缺化都

将渐渐不存在,所以超额利润企业必然不能再取得,所以就需要企业继续不断地进行创新。

在不同技术的创新过程中,企业一直都有非常明确的目标,这就是通过技术创新来使企业竞争力提高(见图7-4)。企业能运用许多技术创新的方法来达到这个目标,例如:想要使投入的要素资源不再稀缺,可以运用优化要素之间的组合、要素进行节约投入、选取新资源、采用多样的产品、提高产品质量等技术方式。

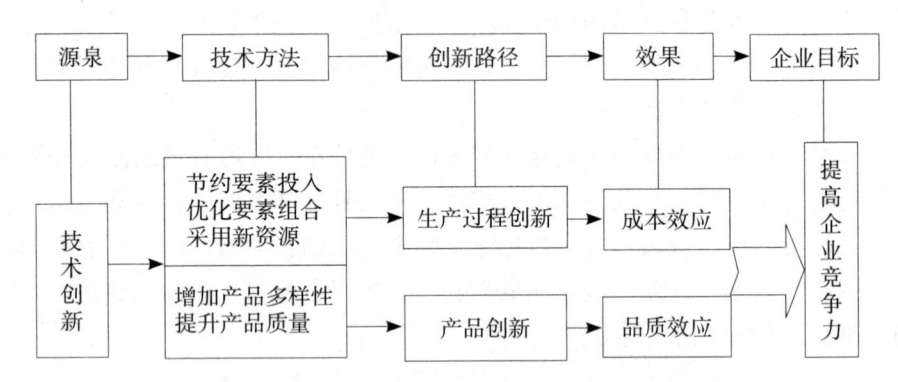

```
源泉    →  技术方法           → 创新路径    → 效果     → 企业目标

        ┌─ 节约要素投入              ┐
        │  优化要素组合   → 生产过程创新 → 成本效应 ┐
技术    │  采用新资源                │          ├→ 提高企业竞争力
创新 ──┤                                          │
        │  增加产品多样性                          │
        └─ 提升产品质量    → 产品创新   → 品质效应 ┘
```

图7-4 区域技术创新在企业层面上促进经济增长机理

在图7-4里,特定区域里的企业开始实行技术创新,用来取得垄断的利润,使企业的竞争力提高。若企业创新是在生产过程中进行的,即运用优化要素之间的组合、减少要素和新资源的投入等方法,若运用提高产品的质量、使产品更加多样等方法,那么企业展开创新是沿着产品创新路径的。若沿着生产过程创新路径前进,那创新成功的结果便是企业取得成本效应,即降低了生产的成本、增加企业的利润;如果在产品的创新上向前,那么企业能获得品质效应就是创新成功后的效果,即企业新产品可用高质量和多样的品种来使消费者的需求得到满足,这样能让市场的销路变宽。运用的技术方法不同,会产生不一样的创新路径,最后的经济效果也会不一样。

技术上的创新是技术经济化的过程,它的起点是技术,终点是经济。技术方法与创新路径不是经济意义上所说的创新诉求,是技术方面的活动属性。提高企业的竞争力不是技术方面的创新,而是企业经济方面的活动属性。成本效应和品质效应不仅有技术的属性又有经济效果,它们给企业创造经济方面的利益和技术创新的成果。技术创新从技术的过程向经济的过程转变需要成本与品质效应这个纽带,这是技术的创新促进经济增长机理的要害之一,是企业层面机理的核心。

正是成本效应和品质效应造成了企业的独裁地位，为企业创造了创新垄断利润，也提高了企业的市场竞争力。

二、成本效应：企业层面机理核心之一

企业如果采用节约要素投入、优化要素组合、采用新资源等技术方法，那么技术创新就是沿着生产过程的创新路径开展，企业就可以取得成本效应。"企业在竞争中经常使用成本领先战略。在行业里，高于行业平均利润的利润由总成本最低的企业获得，一种壁垒能产生，在企业的各个环节能实现许多降低成本的方法，但其中最主要的方法是技术的创新。"企业在生产的过程中从创新出发，运用优化要素之间的组合、节约要素的投入、运用新资源等方法的时候，就能产生成本效应，就此企业的竞争力也能加强。企业技术创新促进经济增长机理的核心之一是成本效应。

（一）节约要素的投入

节约要素投入是指区域技术创新节约了劳动力、资本投入等，所以直接降低了生产成本，获得成本效应。

由于技术方面的创新对资本和劳动投入要素影响程度的不同，所以遵循要素比例标准分类原则，技术创新可分为三大类型：劳动节约型、资本节约型和中性型。假设只有资本和劳动两种要素投入，而且工资率和利息率不变即生产要素价格不变，如果技术创新导致资本劳动比上升，就是劳动节约型技术创新；如果技术创新导致资本劳动比下降，就是资本节约型；若技术创新对要素的投入比例没有影响，就是中性型。这样分类的情况可以如图7-5所示。在图7-5中，横轴代表劳动投入量，纵轴代表资本投入量，曲线 I 表示技术创新前的等产量曲线，I_a、I_b、I_c 为技术创新后的等产量曲线，它们都是不同资本与劳动组合下的相同产量，即有：$I=I_a=I_b=I_c$。可见，等产量曲线 I、I_a、I_b、I_c。虽然位置和时间不同，但是代表的产量却相同。斜线 KL 表示要素价格比例曲线（或称等成本线），射线 OE 表示资本劳动比。

如果劳动和资本的比率一直不变，在技术创新过后，在曲线 I 向原点方向动时，表明一样的产量只是需要较少的劳动投入和资本，所以要素价格的比例曲线也由 KL 移动到 K_1L_1（向原点方向平移）。此刻，技术创新后生产要素的最优组合点便是等产量曲线与等成本曲线 K_1L_1 交叉产生的新切点，技术创新的类型不同决定它的位置也不同。若等产量的曲线变到了 I_a 交点在 A 点，表示劳动节约得多，如果资本和劳动的比率上升，OE 超过原点逆时针穿过 A 点，那么技术的创新是

劳动节约型的。如果 OE 射线移动到 IC，与 C 点相切，那资本这时会减少得更多，这时资本和劳动的比率下降，OE 顺时针旋转穿过 C 点，这时技术的创新是资本节约型的。若 OE 移动到 I_b，与 B 点相切，此时资本和劳动比率不变，OE 位置不变，这时的技术创新是中性型的。

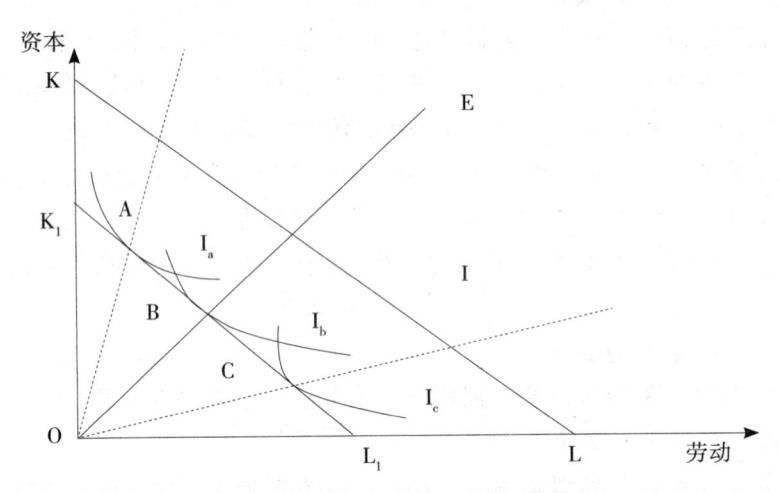

图 7-5　按要素比例标准划分的技术创新类型

无论技术的创新是资本节约型的、劳动节约型的还是中性型的，创新的结果有一点总是一样的，那就是等成本曲线（要素价格比例曲线）由 KL 移动到 K_1L_1，这意味着生产等量产品的总要素成本（资本与劳动总价格）降低了。所以技术创新的经济效果在这里体现为直接节约了要素投入成本。

之所以有这种节约效果，根本原因在于区域技术创新深入并扩展到生产的诸要素中，使区域生产力发生质变。现代科学技术是经济发展的力量，技术的创新能在产量不变下节约要素的投入，改变各个要素的形态，使要素在区域经济发展中的功能、质量及使用效率提高。在技术创新作用下，一是劳动者的素质大大提高，从而提高劳动生产率并节约了生产中的劳动投入量；二是劳动工具日益自动化、智能化，生产效率更高并在一定条件节约资本投入量；三是区域技术创新的发展提高了区域科技信息的水平和信息转化为知识的能力及其效率，使沟通成本降低，因而能节约信息交流中劳动与资本的投入；四是技术创新使学习成本减少。也可以改变工作的方法并提高工作的效率，从而使学习曲线出现下降。利用学习曲线原理，这可使产品成本降低。①利用效率更高的要素结合模式和组合方式，随之提高了要素的使用效率，并让总要素的投入成本降低，最终产生成本效应。

成本效应就是在区域技术创新的前提下，拥有了更加科学的组织与管理，使要素结合模式更加的优化。区域技术创新促使管理模式和企业组织形式的革新，使组织与管理更加科学、高效。技术创新让区域生产要素的功能和形态产生积极的变化，以此产生比较优势使企业持续发展。企业管理与组织的水平在技术创新下不断提升，所以能让生产力诸要素结合在一起，如此一定能优化要素结合模式和组合方式，管理成本乃至生产成本会下降，成本效应也会随着管理成本乃至生产成本的降低而随之出现。

（二）采用新资源

区域技术的创新通过发现、创造和利用新能源等使要素资源的使用范围扩大是采用新能源的具体方法，这个方法让要素没那么稀缺，并且打破要素边际的收益规律，使生产要素的成本效应大幅度降低。

首先，可以利用的自然资源通过技术的创新变得更多，从而发现了，以前没有生产过的新能源、新材料，它们被发现、利用和创造，生产成本便也随之降低了。总的来看，科学技术的发展和人类对自然资源的利用密切相连。技术创新在开发资源上的一个重要特点，是分析物质的微观结构、运用其宏观性能，以此能为社会生产力创造优越的新材料和新能源。随着技术创新的发展，人们对自然界的认识也更加深入，并且渐渐提高改造自然的能力，所以自然资源的利用范围和新材料也不断扩大，新能源层出不穷。新资源的出现扩大了要素的种类范围，使已有要素的资源稀缺得到缓解，也在一定程度上克服了要素收益递减的规律，为降低生产成本提供了捷径。

其次，技术创新使我们对自然资源利用程度不断加深，能对原有资源进行深度开发与加工，提高其利用价值，降低生产成本。这主要表现在对同一种自然资源，由于技术创新的作用，可以不断提高其利用程度。例如，石油最初只是"可燃烧的液体"，随着炼油技术提高而可以经过多次裂解，变成从轻油到沥青的多种油类产品，满足人们多种用途。同时，石油化工技术的提高，又把石油变成了能够生产千万种产品的化工原料。随着技术创新的发展，人类逐渐深入地开发自然资源，并发现其价值，体现在生产领域就是可利用要素资源更多了，这有利于克服要素资源的稀缺和生产成本的降低。

总的来说，技术区域方面的创新让人类更加深入地扩展了对自然资源的开发利用，它通过改变材料的物理或化学属性导致新材料的出现，通过对原有资源的深度加工导致资源的再利用，克服了自然原材料对生产发展的限制。由创新导致的可用资源的增多为降低资源的稀缺性创造了条件，阻挡了要素边际收益递减趋势，促进生产成本的降低并产生成本效应。

三、品质效应：企业层面机理核心之二

企业假如运用水平创新——使产品更加多样，运用垂直创新——使产品质量更高，那么技术创新就是沿着产品创新路径展开，这时企业能拥有品质效应，在企业层面上这个效应，是技术创新促进经济增长机理的第二个核心。成本效应和品质效应在企业层面组成了技术创新推动经济增长机理的两大核心。

产品创新是可以改变产品原本的，它是关于变革产品的，包括产生新产品和更换旧产品。依靠技术创新，企业能不断改进产品，不断研制出适合用户需要的新产品。

之所以技术创新形成的产品创新，可以使企业竞争力提高，是因为技术创新不但能使产品性能、类别、品种、质量等方面更加新颖，也会产生创新者不同的优势。一个企业的产品或服务与其竞争对手产生差异时，才可以吸收更多的顾客，占据市场。

这种差异化战略属于竞争战略，产品或服务的独特性决定差异优势的形成。所以，技术创新带来的差异优势可以帮助企业获得竞争优势。无论是开拓国内市场还是国际市场，企业都可根据技术发展状况和消费倾向，通过技术创新来进行产品创新，以此确立相对于竞争对手的差异优势，并获得品质效应，最终达到企业竞争力的提升。

产品的创新包括两大类：第一类是不断增加丰富产品多样性，进而创新产品。另一类是通过提升产品质量，达到创新。第一类产品创新，主要体现增加产品多样性，定义是指具有新功能的创新产品，该类创新产品能够带来消费多样性的增加，产品链条的延长，生产分工及专业化深化等。

增加产品多样性的创新能够根据消费者对多样性的偏爱，增加消费的多样性，使生产更加专业化，从而让新产品具有新的功能。由于这种创新产品与原有产品存在水平关系，因此也被称为水平革新。提升产品质量的创新的定义是指新的产品和原有产品在使用中没有太大的差别，但是产品质量比原有产品更加耐用。提升产品质量的创新能够有效提高产品的使用性能、效率，能够在同样生产成本下使新产品提供更多的产品服务。这种创新的新产品与原有产品之间存在着垂直关系，也就是说，创新产品与原有产品功能相近，但质量有所提高，因此也被称为垂直创新。

（一）增加产品多样性的创新

它是指技术创新通过设计、开发新产品，使新产品相比于原产品增加了新的

产品功能，进而产品多样性也随之增加，能够满足消费者对产品内在的多样性需求，促使企业提高产品品质和信誉。相对于原产品，增加产品多样性的创新能迎合消费者对多样性的偏好，给消费者带来更大的效用和更多的信任，从而形成品质效应。

增加产品多样性的水平创新是如何推动经济增长的呢？通过技术创新，产品的多样性主要体现在产品的花色和品种等方面，从而显示出产品的不同，新的产品有不同的产品风格，更加容易区分自己的产品和竞争者的产品，更加能满足消费者的需求，而且还能促进顾客消费，使消费者不断增加，新的产品就会出现新的品质，能够帮助扩展市场，扩大市场份额创造有利条件，能够增加均衡产量，进而促进经济增长。这个机理可以表述如下：技术革新—产品多样化—满足消费者需求—扩大消费群体/促进消费—形成"新"的品质效应—开拓新市场—扩大市场份额—增加均衡产量—促进经济增长。

（二）提高产品质量的创新

提高产品质量的创新从而推动经济增长有什么样的机理？

提高产品质量创新，能够有效提升产品的性能和品质，从而总体提高产品质量。

高质量的新产品能够增加消费者的偏好，如此，创新会形成品质效应，促进消费者的需求。新产品需求的提升能够刺激消费，因此一定能带动均衡产量上升，从而促进经济的增长。

综上所述，提高产品质量的创新以推动经济增长的机理是：质量创新—提升产品质量—增强消费者偏好—促进消费—增加产品需求—促进经济增长。

我们通过对比产品多样性的创新和提升产品质量的创新可发现，这两者在经济机理的作用是不同的，主要表现为：增加产品多样性的创新以通过满足消费者潜在需求的方式刺激消费，可以形成品质效应，以达到创造经济增长目的，提升产品质量的创新则是利用消费者对新产品的偏好，刺激消费，形成品质效应，进而促进经济增长。因为在创新产品推出之前，消费者潜在的需求没有成为实际需求，所以增加产品多样性的创新就成了创造需求的行为，消费者的偏好增强也说明消费者把偏好从旧产品转移到新产品上，如此一来提升产品质量的创新就会有"毁灭性创新"的效应，与此同时这种创新行为就会冲击原有产品的销路。

这两者之间存在的共同点表现为：增加产品多样性的创新和提升产品质量的创新都是在质量或品质上创造不一样的产品，用来满足新的需求，可以扩大市场份额及开辟新的市场，如此可以在原有的基础上扩大生产规模，同时带动经济增长。所以这两者在推动经济增长的机理方面都是通过品质效应创造或者转移市场需求方面促进经济增长,二者都是从需求方面推动经济增长,同时体现出产品创新路径和生产过程创新路径的差异。

第四节 区域层面:技术创新促进经济增长的机理

一、区域层面机理的核心:结构效应

从经济史方面来看,人类社会经济不断发展,三大产业的地位也在不断变化。工业经济取代农业经济,产业结构也相应地由第一产业占主导转变为由第二产业占主导,再到后来,人类由工业经济进入知识经济,第三产业也随之取代了第二产业,成了主导产业。随着新兴技术的发展,社会经济也进入了崭新的时代。而这些发展变化,推动了不同经济结构的形成。

为何在技术创新的作用下,各个地区的经济结构不尽相同?这主要是因为不同区域对产业专业化的侧重,技术创新方向、层次等方面的要求不同,使得区域技术创新具有了浓厚的属地色彩。

区域技术创新不仅是经济结构变迁的重要因素,而且还决定了区域内生产要素的组合方式,并且随经济结构变迁而来的是不同地区经济的发展。随着技术创新不断发展进步,在技术因素和非技术因素方面的投入也和之前有所不同,从而改变了增长方式,加速了经济发展。

区域经济增长方式的转变与产业结构的调整带来了一个结构效应:区域技术创新创造,从不同地域角度来看,创新推动经济增长的关键就是这一效应。图7-6则很好地体现了区域技术创新促进经济发展的理念。在区域技术创新影响下,区域内的人员分工、需求及产品结构都在一定程度上有所改变,而且,随着不同地区内各个生产要素的组成及生产运营的方法不断优化,从而会促进各个地区调整产业结构,积极转变经济增长方式。因为大多数企业在经济增长方式上发生了改变,积极调整产业结构,所以,在技术创新方面也随之产生了结构效应。而且,结构方面的优化提升相应地推动了经济增长质量的提高、运行模式的改变,从而促进区域经济的增长。由此可见,从区域层面来看,其关键就应该是结构效应,因为经济的增长是技术发展在结构效应方面所体现出来的。如图7-6所示。

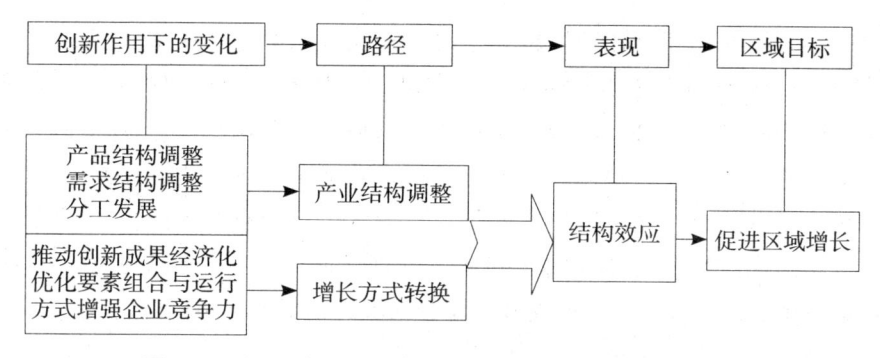

图 7-6　经区域层面上的技术创新对经济增长作用机理

产业结构的调整和经济增长方式的转变带来了结构效应，所以，本节将从这两个角度展开讨论。

二、结构效应路径之一：产业结构调整

产业结构指国民经济内部各个产业之间及相同产业内各部门之间的占比关系，及各个产业和部门中的技术创新变动和扩散的相互联系，并且产业结构在整个国民经济结构中占有重要地位。一般来说，一定区域内通过技术创新，从而推动其内部产业结构的改变，很好地体现了技术创新对经济发展的重大影响。区域内产业结构的改变产生了结构效应，并最终创造了区域经济的发展。由于是在各产业部门增长的基础上实现了经济增长，经济增长的本质就是各产业部门的增长，所以经济发展要求各产业部门之间要保持合理的比例结构。合理和高级化的产业结构，能使经济资源得到合理利用，各产业协调发展，有利于取得更佳的经济效益。不合理、低级化的产业结构会降低经济增长的质量，并最终会影响区域经济的发展和增速。各个区域通过改变并进一步优化相关产业结构产生了刺激经济增长的效果，促进了区域内经济发展。

（一）区域技术创新对产业结构变动的影响

1.有利于推动产品结构的优化调整

技术上的发展，促进了新产品的诞生，进而带动了相关新兴产业的发展，并最终带动当地产业结构的调整。一般而言，一个区域内如果有新的产业出现，那么就是通过以下两种途径产生的：一是新的生产方式或新兴产品的规模增大，从而形成了新兴产业；二是原有产业竞争能力下降，不断分化，被新产业所取代。与区域技术创新发展有直接关系的就是原有产业竞争力下降，逐渐分化，以及相关新颖产业的生长。创新技术带来的新产品与新兴产业的出现有着紧密联系，并

且更深层次的技术创新会在很大程度上降低相关部门的生产成本，使得该部门迎来大规模经营生产的飞速增长时期。新产品的大规模生产与新产业部门的形成，会对生产旧产品的产业部门形成竞争压力，迫使其逐渐消亡。这样，在不断有新兴产业出现并蓬勃发展的情况下，原有的旧产业面临种种压力，逐渐衰落，乃至消失。从中可以看出，之所以原有的落后产业区竞争力有所下降，甚至到最后的消亡，就是因为区域内的技术创新带来了新的产品，新产品不断更替，相关新兴产业则顺势而生，但这也极大地提升了自身区域内创新产业结构的进度。

2.促进需求结构的改善

技术革新会直接或间接导致需求结构变化，对产业结构调整带来引导作用。消费结构之所以会发生改变，一个重要的原因就是创新带来了一系列新产品，并推动产品更新换代速度的提升，最终使消费者的需求发生改变。生产的首要条件是市场需求结构，所以，一定程度上，市场需求结构和产业结构的变化是呈正相关的。从一种角度来看，随着技术的创新，人们在生产和生活上都产生了新的需求，相应地也会推动相关新型产业的发展。同时，这也会使部分原有的需求下降，从而导致相关落后产业的衰败，在这种情况下，就会造成相关产业结构与之前相比发生极大改变。简单来说，技术创新不仅造成了产品结构的改变，还推动了相关产业的消费结构发生极大改变。从另一种角度来看，企业在技术上的创新使得商品的生产成本和价格在一定程度上都有所降低，这就相应地推动了消费市场的扩大，使得之前的购买欲望转变为购买能力。由于新兴产业的兴起，不断创新出新产品，这也就推动了城市人均消费水平的提高。而作为消费者本身，不管是因为收入水平的提高，还是出于对新产品的兴趣，都会产生一种新的消费需求，从而推动需求结构的转变。这样，由于消费结构发生了改变，相应地产业结构也就发生了变化。

3.有利于分工进一步深化

相关产业在技术专业化程度上不断提升，以及社会中各个人员分工水平的提高都与技术创新有莫大的关系。而且，产业技术创新，有利于经济社会和各个区域内产业分工的深化，而这反过来也会推动新兴产业的发展。以18世纪的英国为例，英国在此时期进行了产业革命，此次产业革命的标志是蒸汽机的发明及使用，在产业革命后期，英国基本建立了现代大机器工业，工业也成了经济中的主要部门。以英国产业革命为起点，在其以后的企业产业结构的改变及新兴产业的涌现都与大的技术改革有关。

此外，技术创新之所以能促进相关企业优化在投入与产出方面的比重，是因为各个企业之间有着紧密的技术上的联系。并且这一联系通过就业结构的变化推动了产业结构的调整。

(二)产业结构调整对经济增长的影响

(1)有利于提高相关产业资源配置的效率,促进经济发展。但在现实经济中,由于我们对风险的预知能力不足再加上企业生产要素的不完全流动,在各种情况都不平衡的条件下,经济仍然取得了一定程度的增长。决定一国经济增长率高低的一个重要因素是劳动和资本能否顺利由生产率较低的部门流向生产率较高的部门。因为各产业的劳动生产率不同,所以调整产业结构的过程,实质上体现了各个产业重新扩展和收缩的进程。它本质上强调了产业的专业化与分工的精确化,并随不同产业的劳动生产率重新组合。这样,如果能推动生产要素顺利流动产业结构合理调整,就会相应地促进资源配置效率、经济综合生产力的提升,并最终促进经济良好发展。

(2)主导产业的更替促进了经济发展。现代经济的增长大部分是依靠具有超出平均增长率的新兴产业,这很好地体现了产业结构变化对经济增速的影响。罗斯托认为,现代经济增长实质上是部门的增长过程,经济增长开始于由具有高于平均增长率的新兴产业,随之而来的是一个企业的主导产业及其相应的体系增长率都有较高的提升,而这在一定程度或者说在某种方式上都有利于整体经济的发展。

(3)产业技术创新与社会各阶层分工水平有利于产业结构的改善,而产业结构的调整成了经济增长的根本动力。由于企业不断细化社会各部门的分工,使得相关产业部门不断成长,把不同企业更加紧密地联系在一起,结构效益也由于社会分工的一体化、专业化而提升到了重要位置,在推动经济发展方面发挥着关键作用。推动产业发展的一个重要原因是技术的创新。通常来说,下面两种方式体现了技术创新对产业结构改善的影响:① 技术创新推动了新兴产业的出现及发展,这些新兴产业不断向其相关产业扩散,推动了国民经济的整体增长;② 技术创新带来的改良技术推动现有产业的发展和创新,进一步达到促进资源合理配置,促进企业劳动生产率提高这一目的。如果这两种方式都能被很好地利用,或者把二者结合起来运用,一方面会促进相关产业结构的改善,另一方面对整个经济社会的发展也会产生深远持久的影响。

三、结构效应路径之二:经济增长方式转变

经济增长实现的路径是经济增长方式,决定经济增长的各个因素的结合方式也是经济增长方式。从技术创新方面来看，根据投入的科技水平不同的原理，把经济增长方式分为粗放型经济增长方式和集约型经济增长方式，前者以要素投入增加为主，后者以全要素增长率为标志（注：全要素增长率大多数情况下表示技术创新或进步大大促进了增长）。要实现经济增长可以通过两种方式：一是粗放型经济增长方式；二是集约型经济增长方式。前者是在生产要素的使用效率、结构和质量不变的情况下，只是大量地投入和扩张生产要素，投入更多的劳动力和成本，而并不是依靠创新技术实现的经济增长，实质上，粗放型增长是外延式的增长，只关注数量增长，效率不高。而后者更多地依靠技术创新、劳动者素质提高以及设备、资本和原材料利用效率提高来实现经济增长，这样使得生产要素组合得以优化，也使生产要素的质量和使用效率提高，这种方式是内涵式增长方式，效益高，并且也会在本质上提高经济增长质量和效益。

要促进转化经济增长方式，就要通过技术创新来使区域创新成果经济化、企业竞争力强化、运行与要素组合优化。技术创新的结构效应应该顺着转换经济增长方式的路径表现出来。创新区域技术的结构效应，方法之二就是通过转变经济增长方式。

创新区域技术以促进区域成果经济化的方式对经济增长方式的转化产生积极影响，而后产生结构效应，从而促进经济增长。虽然说科学技术是第一生产力，但是这并不能说明科技进步的同时，经济也在发展，科技与经济两者之间并不是简单的线性关系。只有经过科技成果转化的过程，才能将科技成果变成现实的生产力和适销对路的产品。因此，科技总体水平和将科技转化为现实生产力的能力直接对一个地区的经济发展起到作用。区域技术创新能够使经济增长方式增长速度更快、增长质量更高，并且由原来的粗放式变为集约式，是因为创新区域技术就是一个经济效益由科技成果转化而来的过程，它促进了经济和科技研发的共同发展，也促进了科技资源转化为现实生产力这一过程，与此同时，可以尽量避免"两张皮"现象，即经济与科技之间没有关系的现象，也使经济发展对自然的依赖性有所降低，可以投入最少要素却获得最大的产出效益。要想提高经济增长率，就要首先创新区域技术，这样才能使科技成果经济化程度加深，并且提高区域经济增长成分中的技术含量，转变经济增长方式。

创新区域技术可以发展经济，主要是使运行方式与要素组合优化来转变经济增长方式，从而产生了结构效应。不一样的经济增长及增长效益和质量也许是由不一样的经济增长方式所导致，所以说，经济增长方式的运作结果是发生了经济增长的事实。只有加快经济增长方式由粗放式向集约式转化的步伐，才能实现投入更少的要素获得更多产出的目标，才能使经济不断发展。生产要素的运作方式与组合方式为经济增长方式转化所依赖，而创新区域技术又为要素运作方式和组合方式的优化奠定了基础，可以带来更好的经济效益、更快的经济增长速度和更高的经济增长质量，这也是由于创新区域技术可以提高劳动者素质和要素配置效率，并且改善要素投入质量。创新区域技术和因其而转变的经济增长方式，都可以达到提高区域经济增长质量或效益的目的，也可以达到获取更高区域经济增长率的目的。转变经济增长方式要以创新区域技术为基础，这样不仅能在很大程度上提高效益、节约资源，还能极大地促进经济发展。

创新区域技术可以转化经济发展方式，主要是通过提高企业竞争力，进一步使经济增长并产生结构效应。在市场上营销的工艺和产品由科技成果转化而来的过程就是创新技术的本质，这个过程包括"科技研究与开发—新产品试制与生产—市场营销技术商业化—技术创新扩散"。

创新技术可以提升企业产品使用价值及技术含量，并且获取不错的经济效益。要想增加产品市场占有率，增强企业竞争力，企业要引进发达的装备和工艺来替换落后的，把技术资源转化为现实生产力，提升产品技术含量。创新技术同样可以使老品牌的生命周期加长，使其市场占有率稳定起来，并且使企业的竞争力增强。创新区域技术的根本目的就是获得利润最大值，增强企业竞争力，这都可以通过增加发明创造成果在区域企业生产中的运用以及开拓企业新市场来实现。若是区域内有某企业成功创新了技术，那么会有利于该区域经济增长方式由粗放型向集约型转变，也有利于提高经济增长质量，这是因为大面积的新技术扩散会引起区域内其他企业的模仿，也使得区域外贸结构、市场结构及产业结构发生变化，从而产生创新技术结构效应。这样，更高层次的技术创新高潮由新一轮技术创新引起，不断重复这种创新，有利于区域经济的持续发展。

第八章 技术创新生态系统协同发展

第一节 技术创新生态系统构成要素分析与特征分析

一、技术创新生态系统构成要素分析

在技术创新生态系统中，核心型企业、关键型企业和缝隙型企业三种不同类型的企业，对系统的发展历程和稳定性刺激有不同的作用，在整个网络中各自能取得利益的大小不同，获得利益可能性大小也不同。

1. 核心型企业

回顾历史文献，能够为内部成员和整个系统争取利益的企业就是"核心型企业"的最初含义，这是由生态学中的"核心物种"（keystonespecies）衍生而来。核心型企业必须存在，否则将会对系统带来全面性毁灭和瘫痪的后果，这是因为这些企业拥有最多样化的联系，对缝隙市场的产生和发展具有很大作用，这不仅能够协调处理各个组成成分的内在关系，而且丰富了生态系统，提高了生产效率，同时，核心型企业也为别的企业生存打造了坚实的平台。但若是没有其他类型的企业，那么整个系统就会出现灾难性崩溃。

企业要长久发展，就要提高整个企业系统的稳定性和完整性，我们可以通过网络的技术和资源来达到这一目标，具体措施如下：一，推动网络体系的全面稳定发展；二，提高对资源的利用；三，尽快设立外部性的框架。

核心型企业对整个创新生态系统萌芽、发展和最终成熟的过程有很大的影响，这种企业可以创建稳定的环境，使消费者和其他企业都受益。通常来说，核心型企业，如沃尔玛、利丰、微软和思科等，都可以借助手中掌控的资源对自己的关键技术进行进一步加工，以此来保持和其他企业的密切联系并且使系统的基础奠

定，核心型企业与系统的长久发展紧密相关，并且决定系统发展的方向，对上下游企业甚至整个系统的变化产生了影响。

核心型企业衍生的完整全面的生态系统是以自身为出发点，并且它是多样的创造元素的源头，能够和其他企业一起创建生态系统。

核心企业自身面临挑战诸多，然而确保将其生态系统提高功效落到实处，并尽力使企业自身的资源和利益使同行业中其他企业能够同时享用。核心型企业必须发挥核心型企业一呼百应的领导核心作用，在建立有序、全面、健康的生态系统方面加强努力，可以在缝隙市场创造能力（nichecreation ability）、生产率（productivity）以及稳定性（robustness）这三个板块加强投资，增强企业创新竞争力。第一，加强生产技术投入以提高生产效率。提高自身技术竞争力，缩短技术转化为生产力的周期，使新技术尽快应用到新产品的生产制造过程中。第二，稳健性，未来社会发展瞬息万变，这时不利因素就有可能浮现，因此在建设创新系统时，必须保证创新生态系统内部结构的稳定，以防止因外界瞬息万变的因素而导致创新生态系统崩溃，从而保证企业向有利方向发展，扭转不利局面并走向正轨。另一方面，想要推动整个网络系统的健康发展，核心型企业在构建牢固框架和创造良好的发展环境基础以为其他企业谋取发展空间方面该做哪些努力呢？总的来说，只有在研发新的生产技术的同时不忘加紧资金流的引入，才可以营造一种与同类型企业分享研究成果的环境，并将其最新技术研究成果为自己所用，在具有决定性作用的基础设施方面加大投资与支持力度推动技术发展与进步，从而为生态系统创造更多的机会，进而推动缝隙市场的水平提高。

2. 关键型企业

长期理论研究表明，关键型企业能够与处于网络核心的企业，即核心型企业，在整个系统之中相匹敌。然而，一方面关键型企业与核心型企业存在诸多差别，与核心型企业正相反，在生态系统中关键型企业的比重远远超出核心型企业的比重，企业的硬实力大小和起主导作用的资源构成了该比重的大部分标准。另一方面，对于多样性发展的态度，关键型企业与核心型企业存在天壤之别。后者出于自身发展模式考虑，对多样性发展持反对态度。生态系统、网络系统中大部分节点由支配主宰者掌控，而与支配主宰者相比，核心型企业处于劣势地位。传统的独占者与价值独占者构成了支配主宰者的两大类型。传统的独占者通过打通系统中的主要关键点来推动系统内部纵向横向一体化的实现，从而促进自身发展。而价值独占者则侧重于对现有掌控的网络各节点价值剖析而从中获利。总的来说，核心型企业和关键型企业都在致力于创造价值，然而是否能够推动资源、价值共享是两种类型企业的最大分歧之处。

那么什么是关键型企业战略呢？所谓关键型企业战略，即各个企业企图在追求公司利润和剩余价值数额的极致化的过程中形成的长期发展方案。通过打通横向、纵向操作系统来推动公司运转。总的来说，在致力于朝此方向发展的企业，在整个企业生态圈内掌控并主导着价值创造和分配进程。长期观察研究表明，纵向一体化的企业在关键型企业中占据大多数，这类企业不仅具有运营商的身份，还试图开拓公司的发展机会，如在防止其他企业剽窃、模仿方面通常采用非开放性的商品运营模式，以此推动本公司发展。

关键型企业处于整个竞争行业生态圈的主导地位，对于核心资源和系统内部的掌控，极大地阻碍、影响了其他企业的发展，加剧了竞争。因此，致使关键型企业在生态系统中的位置和作用无法取代，其自身的独特资源和经营模式都使其竞争优势大大增加。关键型企业在促进生态系统的优化、多元、全面发展方面是其他类型企业无可比拟的，因而确立了其独一无二的主导地位。然而，事无绝对，纵然关键企业在促进整个生态系统发展过程中的作用无可替代，系统持续发展也必将依赖这些企业的核心科技及独特资源，但其消失并不影响整个生态系统的存在。

关键型企业随处可见，只不过大家早已司空见惯。美国电话电报公司和IBM公司的早年发展便是采用以上经营模式。而大多数数字设备公司以及小型计算机生态系统中，此种经营模式也大受欢迎，并成为此种经营模式的杰出代表。

3.缝隙型企业

与关键型企业和核心型企业相对，缝隙型企业数量上占据优势。从生态系统网络节点的角度来看，其处于劣势地位，其掌握的价值核心也都处于远离核心的边缘，作用不明显。

一方面一般而言缝隙型企业内部分工明确，拥有独立自主的经营模式，因而可以弥补占有资源过少的缺陷。然而，想要利用较少的资源来实现对整个乃至部分市场份额和市场动向产生影响是极其困难的，这也使得它们在具有独立性的同时对核心型企业高度依赖。缝隙型企业与核心型企业的对立构成了生态系统内部数量与资源的不平衡，因而数量庞大的缝隙型企业掌控着有限的资源，发挥作用微弱，使得其更换周期迅速，一家企业破产，立即会被同质性企业取代。缝隙型企业欲实现持久发展，必须与生态系统内的同类企业团结协作，抱团发展，避免恶性竞争和同质化竞争，推动专业化乃至多元化发展。

另一方面，纵然是在自然生态系统中，数量庞大，种类繁多却掌握少数资源，作用甚微的这些生物恰恰是生态系统的主力军。在其专有业务领域内实现专业化发展与探索，则是其他类型企业所不具备的发展优势。生态系统中的其他类型企业虽然占据资源领域的主导地位，体系庞大，作用明显，但是拆分开来却也是比较普通的，这些企业只是综合实力较强，在专业化领域方面存在缺失。尽管处于边缘位置，边缘性企业对于维护整个生态系统的平衡，以及促进生态系统创新发展方面无可取代。

系统内部的各个组成部分之间是否存在紧密而不可分割的联系，是缝隙型企业的显著特征。其数量之庞大，足以让其他类型企业望而生畏。仅仅在软件行业中，其他类型的企业与缝隙型企业的比重就高达1∶10。

缝隙型企业要学会团结和加强与同类型企业之间的合作，团结互助，取长补短，形成自身竞争技术优势，推动自身发展战略多样化，针对不同人群的不同需要、不同阶层的消费理念，实时调整战略，促进自身发展。这是缝隙型企业在市场竞争中获胜的法宝。

缝隙型企业发展必须以内部成员相互合作为基础。首先应关注与自身利益紧密相关的核心型企业和关键型企业的发展状况，并了解自身周围市场经营体条件。与自身相关的企业是否竞争力强大，搞清楚自身与核心型企业的差距，以及考虑是否选择与其他企业紧密合作。

在数量庞大的缝隙型企业中不乏成功者，以半导体和集成电路行业中的恩威迪亚公司为代表，为保持专业化发展，专攻实物和知识资产，是其成功的秘诀。

另一个推动缝隙型企业发展的关键就是价值创造。不断依靠核心型企业推进自身经营模式的发展，在技术领域加紧研究步伐。通过改变企业之间的合作方向和紧密关系程度，推动系统内部利益流向具有流动性，而以此来抵御同类企业和核心型企业对自身的影响。

4.技术创新生态系统中不同类型企业的比较分析

通过以上分析可以得知，对生态系统内部的企业发展战略重点方向、对系统的影响力、贡献特征以及资源技术等诸多方面的差异是区别核心型企业、关键型企业、缝隙型企业的关键所在。具体差别可从表8-1中看出。

表8-1 技术创新生态系统中不同类型企业的比较

成员类型	贡献特征	资源及技术	系统影响力	战略重点
核心型	为技术创新生态系统提供核心技术和市场，对系统的贡献最大	拥有技术创新生态系统最核心的技术，拥有不可替代的核心资源	是技术创新生态系统的领导者；是技术创新生态系统形成和演化的主要作用者	取得和维持技术创新生态系统的领导权；促进技术创新生态系统的健康发展

续表

成员类型	贡献特征	资源及技术	系统影响力	战略重点
关键型	占据技术创新生态系统的关键路径,对技术创新生态系统的贡献较大	在技术和资源上具有独特性,可替代性弱,拥有某一项关键技术	对技术创新生态系统有一定的影响力,但其退出不会导致技术创新生态系统的崩溃	凭借其关键位置获得技术和资源;有可能取代核心型企业成为技术创新生态系统的领导者
缝隙型	为核心技术提供支持,单个企业的贡献较小,但总体贡献量大	专业化发展,技术能力一般,数量众多,可替代性强	单个企业不能对技术创新生态系统产生影响,但在数量上是整个技术创新生态系统的多数	依托核心型企业和关键型企业的发展,不断提升自身的地位

二、技术创新生态系统构成的特征分析

组织、系统、网络构成了网络结构演化阶段的三大类主要资源。三者相辅相成,缺一不可。首先,网络资源和系统资源的产生以组织资源的整合为前提条件,其次这两种资源又推动了组织资源的发展壮大。对于人才、技术、资金等组织资源以固定目标为准进行整合,推动文化、信誉、影响力、机制的建立来为构建文化、信誉、影响力、机制系统资源创造前提,并且促进网络内部成员资源的发展与成长。网络和组织资源强化的关键条件是构建系统内部平台、行业准则、知识体系以及对社会效益的兼顾。

以下四大特征与自然生态系统相比,企业生态系统的特征如下:

(1)动态演化性。学界将具有能够与外界进行持续不断的信息和能源交流能力的系统称为生命特征,而这一点恰恰是自然生态系统与企业所同样具备的,因此创新型系统的发展是动态的过程,会经历滞后、衰老甚至被市场和消费者淘汰。

(2)群体竞争性。竞争在推动创新系统的发展演进中起着至关重要的作用。各个企业之间的分工具体化伴随而来的是企业之间越来越迥异的差异性,这些都是长期竞争合作的结果。同类型产品和经营领域企业的不唯一性,加剧了企业技术方面的差异,竞争潜能分化严重,资源掌握的不同和信息渠道的迥异使得各个主体之间的激烈竞争必然存在。

(3)协同进化性。不同企业之间通过团结协作来增强自身的技术水平及提高

竞争实力，维持这一系统内部平衡来弥补单个企业无法完全独立掌握某一生产技术的缺陷。系统内部每一位成员的技术创新水平的波动对于整个系统来说都是极其重要的。所有企业围绕核心企业的发展动向明确企业之间的发展合作计划，推动企业在提高技术水平和创新能力方面加紧联合，是系统内部企业的生存之道。

（4）多样性和平衡性。创新生态系统在初期不可避免地存在无序化发展，然而物竞天择，适者生存，通过协同和竞争以及市场的洗礼，创新型生态系统在保持稳定平稳发展的同时仍然不失多样性。想要使系统整体和内部成员的技术创新水平都获得空前发展，就必须促使各个企业明确发展目标，定位清晰，畅通信息交流系统，取长补短，维持内部稳定持久发展。

（5）自调控能力有限性。周边环境的细微变化都可能会引起创新型系统内部的剧烈变化，且和生物学中的生态系统一样，有限的内部调适能力使得系统内部的稳定性和成员之间固有的关系发生翻天覆地的变化。在面临较为恶劣的环境变化时，创新系统会出现失衡，这些都是由于其自身调控能力无法维持系统的稳定状态。外部环境的变化将会破坏系统内部的生态网络结构，威胁企业正常经营运转，使其破产、重组。这些因素可能是，金融危机的爆发，政治暴动和社会市场需求的突然转换，都会对其内部稳定性产生巨大影响。

网络资源和技术联盟不同的是，网络资源不是从网络建立开始之时就存在的，它是网络成员之间较长时间的相互作用而形成的并且需要大家的共同努力获得，它是不确定的。此外，网络管理者通过网络资源所在网络对其合理配置，来促进网络的发展，而组织资源就是由网络成员控制的。并且如果一个网络可以自动调整和适应从而应对网络的发展和系统的建设，并可以使系统建设逐渐摆脱对于网络资源的依赖，那么这个网络才有可能是成功的。网络资源为创建广泛的系统资源以及实现高难度的目标做出了巨大贡献。因为网络可以整合和重新分配不同的网络资源来完成技术创新系统的新任务以及满足未来网络成员的要求，整合资源后会生成有价值的新资源来增加资源存量，这样循环使网络资源能更好地进行系统建设，从而使网络资源成长，这其中也就伴随着网络成员和系统资源一同发展了。

三、技术创新生态系统与其他联盟网络的联系与区别

技术创新生态系统和其他传统的联盟网络是不一样的。

（一）产学研合作

产学研合作是企业、高校和科研单位之间开展的合作，这个合作中的每一方

都共担风险、互相帮助，以实现双赢，最后获得自身的发展，合作的目的是为了共同创新。

1987年英国弗里曼深入研究了日本这个国家是怎样创新的之后，他认为"产学研合作升级应该是国家级别的重大议题，而不仅仅是科研机构、大学和企业这三方之间的合作，并且产学研合作会在提升国家综合实力和提升国家经济发展水平方面发挥重大作用。所以政府也应该给予产学研合作在财政和政策方面的支持，而不仅仅是鼓励和倡导企业和高校等方面开展产学研合作，只有这样经济才能得到更好的发展"，因此政府要重视这个合作，为正式开展产学研发展提供坚实的完备的理论基础。Chesa 和 Hoegl 都认为企业不仅仅只有高校和科研单位这两个合作方，还可以和某一个发明的创造者、政府、关于该项目的研究中心、零件供应商甚至竞争对手合作。莫利和山姆帕特说过，企业创新所需要的内容设计信息资源、设备、人才、创新技能以及新产品的原型都来源于高校特别是一些研究性的高校，这些高校拥有最新的科研成果。

我国的学者也对产学研合作进行了多角度的深入研究。王晓云将产学研合作分为政府推动型、共建型、联建型和其他类别，并且认真研究过这些合作类型。张曼平等提出了技术转让、大学科技园、共建实体以及合作开发这四种产学研模式。各种合作模式都各有其使用的条件，各个模式面临的风险和收益也不同，所以合作方要根据实际情况选出适合自身的模式。

(二) 企业技术联盟

企业技术联盟是多个企业形成的合作关系，它的目的是实现双赢，赢得共同利益。企业技术联盟有优势也有不足，不足就是失败率为60%~70%，经过对它的优势和劣势及其对应策略的研究，得出结论：Duystersgm的研究结果表明了，美国企业群体中年收入突破2亿美元的企业，他们所拥有的联盟伙伴平均为138个，那些参加联盟的企业比没有参加联盟的企业多40%。技术创新绩效和联盟有着明显的正向关系，当正向关系发挥到最大作用，技术对于两个企业就是公平的，处于中间不偏向任何一方。陈劲、陈钰芬也表示，寻找有创新意识的供应商并与其长期开展合作可以使企业获得决定性的竞争优势。王兰和龙勇通过研究发现，市场资源和技术联盟都可以获得技术资源，但是通过技术联盟获得的适合在一定时间内突进地发展创新方式，而市场资源获得的则可以逐渐地、慢慢地、稳步地促进创新发展。Dastk 和 Rahman 研究发现如果企业和合作伙伴经营观念和文化背景相似，那么它们可以保持长久的合作，反之则不能。祁红梅等研究发现企业之间会因为知识的外溢和披露悖论等原因而产生不信任感。孟华兴也指出，知识作为一种资产其存在不是一直确定的,所以企业之间很容易产生不信任的现象,并且企业之间也会因为对于联盟产生的共同成果没有进行有效的评价而导致利益分配不公。徐二明和徐凯也指出,联盟可以实现优势互补,这就可以促进全部联盟企业的创新和利润提升,但是联盟中也会产生机会主义,这就会对全部联盟企业的创新和利润提升产生不好的影响。Mohrat 表示要坚持判定合资企业的绩效的标准,这些标准是企业是否成长及其成长速度程度、获取技术知识、盈利多少、确定性和市场份额。Nielsenbb 建立了联盟绩效评价模型,这个模板包括了联盟中的效率、利润,联盟绩效过程和成果等多个方面。他还用联盟创建的时间来划分构建前后的影响因素。

Lin Wen Bao 不仅从如何进行技术的改造、应用什么知识、怎样研发这三个方面评价了联盟技术转移效率,还分析了战略联盟交互机制和知识技术转移效率。张坚研究发现,人们评价企业技术联盟效益的标准逐渐朝着投入产出无形化、过程动态等方向发展,他用技术联盟从产生到废弃的周期作为主线建立了对于技术联盟绩效评估链的理论性框架,这个框架是以效益评价、进展评价和初始条件评价为基础的。

从前文不难发现,学术界在精益研发这方面已经有了很多共同的看法,也提出了其他几种合作模式,即使我们有了一些理论上的成就,理论界也未对创新主体的类型严格地规定,并且没有相关的事例来说明不同的模式到底会对企业产生什么样的影响,所以企业的各种各样的创意和研发模式的关系也无法深入探讨。

(三)技术创新生态系统

生态系统是一种在指定的空间范围里内部事物和外部事物在一定时间内形成一个整体并且相互影响的系统,在技术创新生态系统运行时,要发挥成员们的作用互相影响以便其保持一种平衡的状态,其建立的目的是让科学发展和科技创新,它的模板是促进经济发展,而不是以动态传输为模板。

Deborah J.Jackson 认为资金、设备等物质和人才是技术创新生态系统的实体。技术创新生态系统由研究性经济和商业经济所推动,它们二者都是独立的经济体,前者是由基本原理推动的,后者是由市场推动的。

Ron Adner 研究表明:企业技术要实现创新、获得丰硕成果,单靠个企单枪匹马行不通,反过来,应该在拥有一致目标的企业之间打造一个技术创新型生态系统,在此系统基础上,使客户价值最大限度地得以实现,争取达到甚至高出客户的预期。这个系统的本质是:企业自身投入以及在配套知识方面其他相关企业的支持是优质创新项目能成为企业核心竞争力所不可或缺的,不然极有可能因条件不够，延迟创新，继而可能导致竞争优势丧失。而 Ron Adner 的研究是把企业彼此间的配合协调作为重点，即仅把此系统的外延限制在外部。

我国有关学者在创新生态方面也有自己独到的探索及研究。王如松、杨建新认为网络性、进化性是其本质，生态经济原理及知识经济规律是它所必须遵循的，在生态系统承载范围内进行组织，使生态功能更为和谐、经济过程更为高效。在当今时代，把 IBM 作为研究对象的石新泓认为对上述系统进行发展、运转时，要有一定程度的必然性、紧迫性。朱斌对高科技产业集群做出研究后，并在此基础上提出了一个新概念——高科技产业集群持续创新生态体系。刘友金做研究时把行为生态学理论引入进来，对企业技术创新集群行为展开了探讨及分析。在研究过程中李子和提出了一个新概念——高新技术群落，对高科技企业创新的生态学特征做出了相应的论证。黄鲁成在区域创新系统背景下利用生态学理论，进一步研究相应的生态学特征、演化规律、运行控制机制。在技术创新生态系统里，李湘桔认为应充分协调企业内部各部分知识，同时她还指出：对知识最大限度进行融合，使母体具有更为完备的知识，此即这个系统的本质。知识划分类别会随着角度的不同而变得不一样：站在获取渠道角度，可将知识分成两种：内部知识、外部知识。站在所需知识性质角度，知识也可分为两种：创新主体知识、创新协作知识。创新主体知识是具体创新项目运作时必须具备的知识结构，对创新效率与效果能产生较为直接的影响。在创新过程中，创新协作知识（包括营销能力、组织协调能力等）虽同创新项目的联系没有那么直接，但却是实现商业化创新所必备的。对技术创新生态系统进行管理的过程中，应从内、外两个视角出发，各方面一齐努力，完备相关知识，形成更完整的创新链条。

理论界的学者们目前所持有的观点是一致的，即技术创新是一种社会生态过程，而不再是仅限于生产群落制度环境中出现的交互过程。研究过程中，在自然生态系统中结网群居、协同竞争等特征的基础上，有一小部分学者会站在关系生态系统、国家技术创新生态系统、知识生态系统等角度展开研究。在经济学中，引进生态学相关基本研究方法介绍以后，对经济系统、自然环境系统间的协调机理进行研究，由此一些交叉性学科（诸如生态经济学、工业生态学等）得以初步形成。

技术创新生态系统与产学研联盟、技术联盟的异同如表 8-2 所示。

表 8-2　技术创新生态系统与产学研联盟、技术联盟的异同

	相同点	不同点
三类合作模式的异同	都强调资源的共享和合作；是合作创新的新的组织模式。	从范围上看，技术创新生态系统包括产学研联盟和技术联盟，从合作模式来看，技术创新生态系统是一种松散的合作模式，同时可包含多种合作模式，技术联盟和产学研联盟在同一时期主要的合作模式包括合约和股份制合作模式其中一种形式；技术创新生态系统中强调物种成员间的互惠共生，而技术联盟和产学研联盟成员间的相互依存度相对较低

四、技术创新生态系统的模式演化分析

方法论中包含着模式。生物学里对于演化的叙述是：在物种繁衍过程中，每一代单独的个体之间在内在基因与体态特征上存在差异的现象及原因。这个系统的演化实际上就是其技术创新发展的过程。

系统演化能得以顺利进行的基础就是准确地发挥好创新主体的作用，科研机构、高等教育机构、政府机关等都被包含在内。周边环境和此系统能够发生信息交流，而在技术方面，各内部成员间的信息交流也在同时进行着，这样能够提高这个系统的创新能力，各成员的技术创新模式最终实现新的变革。当前由于各企业的发展几乎都拘泥于现有的技术创新模式，其技术创新能力的发展便需要一步一步地由低至高来实现，对系统整体创新模式来讲，实现其变革也是一样的道理。

这个系统演化的实现是需要一定时间的，它与生态系统的演化有相似的地方。但各企业的效率在历经演化后快速提了上来，使信息资源利用率更高，技术创新能力更强。这既是创新系统的目的，也是其一大重要成果。

不同的创新主体有互不相同的创新过程，而把这些不尽相同的过程结合起来就是创新生态系统的演化的本质，包括两个阶段：一，自稳定状态；二，自重组阶段。自稳定状态是指系统内部原有的技术创新模式自发一步一步进行由旧到新的变革，从而达到稳态的过程，若企业在组织资源中注入了新的血液——网络，它们在这个时候会让其余网络成员在某一程度上对系统中的部分资源进行分享、控制。自重组过程就是旧模式与新模式相互交替出现的过程。组织资源在系统演化的这个过程就如同一把双刃剑，正向作用、负向影响二者同时存在。比如在网络层面应用上，组织资源能使其应用及影响力范围增大，网络成员组织资源的优势

较之前更大。但系统构建对组织资源的依赖性会随着后者对前者作用的增大而变强,一旦没有了网络,呈现在创新生态系统这个整体面前的将是十分不利的局面,就像社会网络里的结构洞,一旦有某个核心节点退了出去,网络整体都极有可能崩溃掉,整个系统的稳定性也会大大降低。

第二节 技术创新生态系统的复杂性分析及协同演化机理分析

企业创新环境当前的主要特征是复杂性、不确定性及模糊性,"技术创新生态系统"间的竞争由传统"单个企业竞争"演变而成,企业内部创新以及这个系统中进行互补性活动的其他企业间的协同创新二者都是现有创新研究应用的关注点。

无论是理论界还是实践界都在时时刻刻地关注着这个系统,站在战略角度,近几年创新管理领域新的研究热点(Rahul Kapoor,2013)是此系统成员之间价值创造的依赖性关系。据 Ander 的研究可知:创新过程十分艰难,多家公司共同努力,成功的可能性才更大,和其他伙伴协同互补,才能把真正有价值的服务、产品带到消费者身边。借助纵向案例法,Rahul Kapoor 认真分析了上述系统中所出现的协同竞争行为,医疗产业在其研究中被当作研究对象,在组织形式不同的情况下,研究了新技术投资行为所造成的影响,得出一个结论:与臂长关系相比较而言,联盟是更加有利于新技术投资的。我国学者所做的分析主要针对的是系统风险,其中张运飞、张利飞一致认为:在技术上,企业若要真正实现变革,需要的是与其他企业一起共合作谋发展。而后再站在系统不稳定性的角度来看,对可能出现的风险(诸如共存性风险、结构风险等)进行分析,并在此基础上对此系统治理机制展开探讨。

"技术创新生态系统"研究目前还处在初级阶段,主要是在宏观层次上对静态展开研究,以案例研究为主要方法,然而对于复杂系统交互行为出现的宏观结果,实证、案例两个研究方法给不出更合理的解释,若想更为深入地认识复杂系统,定量动态分析必须进一步强化。这个系统生存发展的基础是成员协同行为。什么是这个系统长足发展的根基,这个问题是值得理论界展开深入研究的。

本文持有的观点是:外部环境、成员间相互作用、技术创新生态系统演化是此系统协同行为的决定性因素。所以本文对变化机制进行了剖析。

一、技术创新生态系统的复杂性分析

复杂性是此系统较为主要的一个特性，系统各成员知识结构、交互行为以及资源结构、内部知识都十分复杂。系统中的各成员发展是不封闭的，但也不是一直都能做到均衡发展，目前在做的是把它的边界进一步拓宽，所以整体是处于变动状态的。

（一）技术创新生态系统的开放性

一个创新系统如果是封闭的，那么它的发展几乎不可能长远，需要做到的是开放，即在资源上将其与系统之外的部分进行流转，这个过程极其必要。在整个创新生态系统中，从外部吸收资源、向外制造推送其成果二者是需要同步的。第一，此开放系统内部成员间资源共享、相互合作；第二，外部环境和系统成员间知识技术实现转移，就像关键型、核心型及缝隙型企业间都存在着信息资源、技术的共享与转移。整个体系正是因为这种交换才能一直动态变化着，从而使体系朝良好秩序系统变化。

当前环境下，创新生态系统内部各成员之间不断地进行信息资源的交换，所以说它不是封闭的，而是运动着的。在某一部分的技术上，若取得了革命性突破，相当于在生态系统中产生了不同物种，此时往往会有相关人才出现叛变，他们会另起炉灶，并且他们的生产技术及生产效率都会较之前的企业高，可与原企业协同前进，这就导致新的竞争出现。所以说，要想有新技术变革思维和新鲜气体不断地注入系统，就必须要和外部不断地保持联系和交换，也即不断进行变革，才能将企业竞争优势维持住。

时间段发生变化时，整个创新生态系统的目标就会随之做出改变，系统整体的流动性与外部环境二者一定要一直处于保持交流的状态，这样才会有新生命力不断注入进来，系统得以继续开放。当今时代知识经济高度发展，产品越来越复杂，产品与产品之间也越来越相互依赖，全球化改革创新是系统需要着重注意的，努力带给消费者以更为合适的方案设计。

（二）技术创新生态系统远离平衡态

系统能够得以有序发展的根基就是远离平衡态。各企业分工明确，每一部分都是对自身擅长的部分进行钻研，系统内成员多样化。但对单个企业来讲，这样的专业化现象会导致他们对于消费者的各种需求做不到全部满足。因此企业与企业之间若想进一步适应市场的需求就得共合作谋发展。学者们经过研究得出了一系列的结论，由这些结论可知生态系统与平衡态间距离的远近很大程度上取决于企业间的多样化，成员企业之间的差异越大，系统距"平衡态"就会越远。系统的各组成部分所发挥的作用都不尽相同，关键是核心部分，其主要责任就是对技术进行推广甚至革新。核心型企业的技术资金等几乎都来自关键型和缝隙型企业。系统内部成员间存在的相互作用与分工差异，这就使得系统特性特征与内部组成的特点更为多样化，从而能使系统长期处在一个动态变化过程里，使其发展更为健康长远。

（三）技术创新生态系统自涌现性

在各企业相互协作过程中会出现结合效应，即合作之后的效率要超过原单个企业之前的效率，换句话说，单独的企业是达不到系统各属性及对应所获成效的，也即"自涌现性"。技术创新生态系统为了最大限度地争取到现有利润，凭借自身具有的特性会更容易得到资源竞争优势，把企业生产效率提升上去；另外，由于人才的自涌现性，使得许多高层次创新及技术人才被系统吸纳进来，这就使得创新的可能性在各成员间互相帮助的状态下有了提高；再就是企业数量随着信息技术的发展变得越来越多，而这些企业也会面临越来越大的挑战，竞争也越发激烈，反过来，这也刺激着企业在保持自身稳定性的同时朝多元化方向发展，发展风险也大大降低。

（四）技术创新生态系统动态性

非静态性是这个系统所拥有的另一个特性，它一直保持着发展进步的状态。又由于脱离了自身环境的事物很难得到长远发展。环境是不断变化的，这对系统内部成员企业的发展运行以及他们之间的协同发展来讲，会造成一些影响。又因为内部企业与企业之间的资源技术交流交换会不断地进行，这对系统内企业的协同行为来讲，会使其发生一系列的改变，沿着"生存—发展—优化"的轨迹会有系统内企业的演进在不断进行着。另外，系统的差异性随着各种资源的共享及转移而降低，终止原合作当且仅当达到合作目标，这就致使系统中旧成员退出、新成员加入。因系统各成员存在资源、文化等差异，像道德缺失等一系列相关的问题就会时不时地出现，这极有可能会进一步加大协调问题的难度，系统离均衡状态越来越远。

（五）技术创新生态系统非线性

非线性是系统复杂性的一个重要原因，也可以说是一个表现方面。非线性是不能更改的，它是随系统的建立而产生的，同时它也可以协调系统内部。整个系统的组成部分几乎都具有多样性，所具有的作用、架构、属性特征都是不尽相同的。系统内单个（多个）企业以偏概全都是不对的。在系统内各企业间各类合作中也有着一种非线性关系,它并非一般意义上的因果关系,用某句话或某个公式是无法将这种关系概括出来的。

整个系统围绕着一个中心——创新技术,把拥有的资源结合起来,跨产业(行业)形式各异的技术都被凝聚到了系统里,这就是所谓的非线性特征。复杂性是系统内部结构所具有的特性,各企业的发展是互相联结的,回馈信息的"非线性"也十分明显。成员之间的协同竞争同样也存在这种特性,系统内部成员之间是一个整体,是不能分割开的,而系统又和它的外部环境是一个整体,即便这样差异依然还是存在的,整个体系内外互相促进、互相影响,使系统成员发展进一步加快。非线性的具体表现是多样的,利益分配流向、网络结构等都被包含在其内。

(六)技术创新生态系统的自组织性

在学科发展史上,"自组织"意义非凡。它指一个出现在系统发展变化过程中的特有的现象。对于"自组织"是对应着系统"复杂"这一点,历史研究已给出证明,学者们对此也持以接受的态度。这是因为若系统发展具有"自组织"性,那么整个系统中会有新的独特的组成及构架出现,从而系统会变得愈发复杂。

"自组织"是指当外界环境变化时,系统为了适应目前情况会相应地进行调整,从而形成新的均衡状态。系统与外部环境交流时,也在不断追求着新的平衡。这促进了竞争文化新氛围的产生,内部结构也能得到相应的调整,组织层次从低到高不断在发展进步。

系统的不断发展还需要另一种特定机制,实现由原始状态向健康稳定状态的转化。当内部某个企业出现波动时,整个系统不会因此发生很大的动荡。系统内各企业可成为系统一员的前提是其发展经营都得按系统规定进行,同时系统也能够有效地运行着。

(七)技术创新生态系统的自学习性

系统和我们一样都需要通过不断学习来完善自己。外部环境与系统内的学习途径和内容有着密切的关系,系统要想取得长足发展,就得与其外部环境相辅相成、融洽相处才行。不同的企业间也应如此,因为只有这样学习能力、竞争实力才更强劲。

(八)技术创新生态系统网络的不可逆性

创新系统的发展变化一般情况下一直都会在一个方向上保持着,发展变革几乎是一个无法逆转的过程。第一,在集资、商讨、建设再到正式营业这一过程中,投资者需要不断投入,无论有没有产出行为,这个投入行为是不可逆转的。协同成员与成员间的资源交换随着成员数量的不断增长会相应地增多。它们一边在进行技术的传授一边在接受着外来的新颖技术，使得企业规模及竞争实力得到进一步强化，此过程也是无法逆转的。最终即使这个企业失败了，它也不会一无所有回至原点，因为它所有的经历经验会起到一定程度的支撑作用。系统建成后，技术会逐渐蔓延，使得不同企业朝着合作协同方向发展。整个系统的知识在这个时候会成为一个不断传播已有知识、发掘新知识的体系，它是动态均衡的。由此可知系统网络不可逆。

二、技术创新生态系统协同演化的机理分析

站在生态学的角度来研究，会发现当生态环境动荡很大时，原系统就会自然地发生解体，旧系统中的核心生物在新系统成形并投入使用之后就会失去它原有的领导地位，反过来，以前毫无"地位"可言的物种倒是有可能坐上新领导者的"宝座"。胡斌于 2006 年提出：每个成员在创新生态系统中不是孤立存在的，都会有一个属于其自身的特殊位置。每个成员之间都有与生物相似的性质，同样有为了生存而选择不断发展壮大自己的想法，同样会有生老病死生命周期的经历。

许芳提出，在整个系统中重要的生态位因子有很多，"技术"是其中"地位"最高的。因为技术最活跃、变革性最强，系统平衡能被技术打破，会进一步将其自身成长为结构等级更高的因子。站在微观角度，技术的变迁是系统内各成员的外部环境变迁的最主要的因素。而站在种群角度讲，技术创新（变革）所带来的是这个产业整体的未来兴衰。各个企业之间产生的竞争力之所以会随着技术的变革而发生转变，是因为在企业活动中技术变革占据主导地位。随着各种新兴技术的不断发展，各类新兴产业会相应地出现在我们面前，这其实也是一个技术创新生态系统进行重新构建的过程。余东华在 2008 年把自己独特的观点发表了出来，在模块化价值网络升级的过程中，他认为技术创新是最主要的动力，因其能对一系列的升级（诸如网络升级等）的产生起到推动作用。而党兴华等人认为，系统中会不断地有新的"血液"注入进来，这就使得企业间的关系更为密切，致使一些新的关系的出现，而整个创新网络结构就会随之出现一系列演变。而市场演进、技术演化以及整体价值系统结构在这个过程中会发生一些变化。宏观上来讲，技术系统演化时的特征趋势会具体地体现出来；而站在微观角度，所观察的都是要满足个体自身的价值需求，各类企业的战略举措所产生的后果。

作为生态因子，技术对整个系统的影响根据其内部、外部特性，可将其大致分为两类。从外部来讲，技术所体现出来的东西与当前生态系统的新技术范式是有区别的。一旦有了新的技术范式，旧的技术体系短时间内就会瓦解掉，导致整

个系统呈现给大众是全体崩盘的感觉，这会造成一种毁灭效应。就像曾经非常经典的胶卷技术现如今已被数码相机完全取代了，相类似地，移动软盘也将曾经应用十分广泛的软盘取代了。新技术出现或系统内出现技术变革，资源和组织结构都会迅速地发生变化，而且整个创新生态系统的整体构架也会逐渐发生改变。能够使系统变化的渠道有三个，吸收新的生产要素是渠道之一，采用新技术是渠道之二，渠道之三是改变产品组织方式，在价值链流程整个体系中这三种渠道变化都会有其具体体现，而最后的这个变化是会共同使整个创新生态系统的形态、结构进一步发生演化。

作为另外一种生态因子，成员生态位在创新生态系统中的地位也是相当高的。在本质上，系统整体结构会随成员生态位的变化而变化，也即成员生态位的跃迁、分离。系统技术是由简单到复杂不断变化着的，产业整体的多样化程度以及复杂程度都会相应地不断加深，而且还会有更为广阔的市场空间出现，那么其他企业就会有机会挤进这个系统。正由于系统多样性非常丰富，生态位的数量就会相应越多，原本区域有重叠的企业就很有可能被分离出去，这在技术产业演变时一定会发生。

成员生态位是技术创新生态系统中第二个较为重要的生态因子，系统的整体结构会因为成员生态位的变化而发生本质上的改变。具体来讲就是成员生态位的互相分离以及生态位发生了跃迁。在创新生态系统的技术不断地由简到繁逐步发展的过程里，整个产业的多样化程度以及复杂程度都会相应地不断加深，而且还会有更为广阔的市场空间出现，那么其他企业就会有机会挤进这个系统。正是由于创新生态系统里面具有丰富的多样性，就可以产生出数量更多的生态位，这样一来，原本有重叠区域的企业就很有可能被分离出来，这在技术及产业发生演变过程中也是必然趋势。

范保群曾经说过，如果拿手机这个行业来举例子的话，由于现在手机产品在设计上的各个环节被人们愈加重视，所以在设计上就会暂时分离出来这些内涵中的中间价值环节，例如在一个企业中，那些主管制造的就会跟主管代工和设计的部门分开。正因如此，设计这个环节便演变成了一种崭新的生态位，从而能使手机这个行业在该系统中快速地发展起来，而且更进一步推进了手机价值在它本来属于的生态系统中的向前发展。

而所说的生态位的转变，说的是一些企业通过这个新兴的技术改革不断地加强自己的能力，并且努力抓住自身的学习机会。从而使自己本来在夹缝中求生存的处境得到了有效的改善。他们通过这次机会不断地脱离自身边缘化的处境。这些企业逐渐地在企业中占据了中心领导的地位。例如，在微软的产业中，微软一开始只是提供一些汇编的语句只能被称为硬件商。但是后来随着IBM这一类主导厂商的崛起，微软非常及时地抓住了这次难得的机会，从而从一开始不起眼的边缘化企业转化成了具有领导地位的厂商。显而易见这个机会对于微软来说是十分重要的，这个变革为微软系统接下来的发展打下了坚实的基础。

但是随着一些刚刚兴起的技术的出现，也有一些本来存在于中心主导型的企业没有把握住这种机会。相反，这些机遇却变成了一些在夹缝中求生存的企业的跳板。主导型的企业在整个系统中的地位是十分重要的，它们表示的是全部的生态系统网的行业准则及规则。它会因为自己的核心地位而处于整个系统中纽带的连接点。而且，这一类企业想要打破这种关系网的束缚是非常困难的，从而很大程度上制约了本身的创新和视野。但是对于夹缝中的一类企业来说，它们就会有更多的机会与外界其他的系统有一些连接的关系，这些企业与主导型的企业相比较而说，夹缝中生存的这些企业正是因为没有很强的一种嵌入性，所以它在创新和视野上的制约并不是很大，并且对网络上准则的干扰也是非常小的。在这个系统中，正是因为有这样新成员的竞争比赛，从而构建了一个新的系统链条，而且在创新的系统中再次分配创新技术的领导权力。系统就是通过这样的争斗来演化和变革的。

在前文中我们已经叙述了技术创新系统的结构类型。同时也深度阐述了系统在企业中从无核心领导到有单个核心领导，再到多个核心领导的转变。在企业里，当没有核心型领导的系统向单个核心型系统转变的过程中，有核心型的企业会占据整个生态系统的主要因素，而且有核心型的企业在技术上也是占据一个中心位置的。当单个核心型向多个核心型转变的过程中，只有极少数的企业掌握着技术和其他方面的资源，在它们之间存在着一定的互相合作的关系，通过这样的一种关系来共同促进整个系统的发展。但是这样的转变只是一种可能性，并不是必然发生的，因为在整个发展的周期中只有很小的变动的生态系统还有很多。

参考文献

[1] 付智. 江西区域创新能力研究 [D]. 南昌：南昌大学, 2012.

[2] 俞建群. 论中国特色区域经济新发展 [D]. 福州：福建师范大学, 2012.

[3] 张庆滨. 欠发达地区区域创新能力评价与培育研究 [D]. 哈尔滨：哈尔滨工程大学, 2012.

[4] 曹海波. 中国区域经济增长差异及其影响因素分析 [D]. 长春：吉林大学, 2012.

[5] 王力年. 区域经济系统协同发展理论研究 [D]. 长春：东北师范大学, 2012.

[6] 张明. 产业升级与经济增长理论研究 [D]. 太原：山西财经大学, 2013.

[7] 王松. 我国区域创新主体协同研究 [D]. 武汉：武汉理工大学, 2013.

[8] 贺灵. 区域协同创新能力测评及增进机制研究 [D]. 长沙：中南大学, 2013.

[9] 易大东. 科学发展观视域下党的区域经济战略思想的新发展 [D]. 湘潭：湘潭大学, 2012.

[10] 张文强. 我国产业技术创新与产学研结合模式研究 [D]. 武汉：武汉理工大学, 2013.

[11] 李苗苗. 创新环境要素对企业技术创新的影响研究 [D]. 大连：大连理工大学, 2013.

[12] 曾淑婉. 基于区域经济差异的区域产业规划研究 [D]. 天津：南开大学, 2013.

[13] 王仁文. 基于绿色经济的区域创新生态系统研究 [D]. 北京：中国科学技术大学, 2014.

[14] 杨发庭. 绿色技术创新的制度研究 [D]. 北京：中共中央党校, 2014.

[15] 宋丽萍. 区域创新系统绩效评价及创新能力提升路径研究 [D]. 北京：中国地质大学, 2014.

[16] 卢时雨. 区域创新能力与区域创新效率关联性分析及测度研究 [D]. 长春：吉林大学, 2009.

[17] 苏屹, 姜雪松, 雷家骕, 林周周. 区域创新系统协同演进研究 [J]. 中国软科学, 2016（3）: 44-61.

[18] 韩先锋, 董明放. 技术创新投入对企业价值影响的异质门槛效应 [J]. 科技进步与对策, 2017, 34（22）: 93-99.

[19] 岳鸿飞, 徐颖, 吴璘. 技术创新方式选择与中国工业绿色转型的实证分析 [J]. 中国人口·资源与环境, 2017, 27（12）: 196-206.

[20] 蒋军锋, 李孝兵, 殷婷婷, 屈霞. 突破性技术创新的形成: 述评与未来研究 [J]. 研究与发展管理, 2017, 29（6）: 109-120.

[21] 李捷, 霍国庆. 我国战略性新兴产业技术创新模式初探 [J]. 科技管理研究, 2017, 37（23）: 31-39.

[22] 唐未兵, 傅元海, 王展祥. 技术创新、技术引进与经济增长方式转变 [J]. 经济研究, 2014, 49（7）: 31-43.

[23] 万勇. 区域技术创新与经济增长研究 [M]. 北京, 经济科学出版社, 2011.